香港城市大學中文及歷史學系
創系十週年叢書 11

鑽燧薪傳

香港城市大學中文及歷史學系研究生論文集 下

范家偉 主編

中華書局

Exploration and Legacy: Collected Papers on Chinese Literature and History
Volume 2

目錄

下冊（文獻及文學篇）

簡本、傳世本〈金縢〉校釋：兼論文本流變與「合理化」過程 293

黃湛

李中梓《內經知要》及其當代影響 331

高珊珊

「白玉樓」與「古錦囊」：李賀形象的建構與接受 391

韋禕

徐志摩對喬伊斯的評介及其影響：從《尤利西斯》第一版的中國訂單說起 437

湯逸琳

經典生成的複雜性：以俞平伯新詩集《冬夜》、《西還》的迴異命運為例 469

劉妍君

典籍英譯的副文本研究 503

史芸

簡本、傳世本〈金縢〉校釋：兼論文本流變與「合理化」過程

黃甚

一、引言

《尚書》〈金縢〉講的是周公為生病的武王許誓，願代其死，並將禱告的祝冊藏在金縢匱中。武王死後，管叔的流言致使周公受到猜忌，避居東方，後來即使寫詩明志，成王也未將他迎回都城。直到上天風雷示警，成王開啟金縢之匱，得知周公代死之愿，方才醒悟，最終將周公迎了回來。

對《尚書》〈金縢〉從個別字詞到經文大義的解釋，歷來分歧頗多，莫衷一是。2008 年面世的清華大學藏戰國竹簡（下稱「清華簡」）第一輯中，有一

---

* 黃湛於 2020 年獲香港城市大學中文及歷史學系哲學博士學位，現職江蘇大學文學院講師。本文曾在 2017 年 10 月 28 日高雄師範大學經學研究所舉辦的「第十三屆青年經學學術研討會」上宣讀，後發表於《中國經學》，第 25 輯（2019），頁 39－52。文章收入本書時略有修改。

篇題為〈周武王有疾周公所自以代王之志〉的文字，與傳世本〈金縢〉大致相合，當為同源文字。[1] 簡本提供的新信息，能夠幫助我們探討〈金縢〉的字義、經義，以及傳世本存在的問題。學界對此已作了不少考辨，本文則是在前人基礎上續作的補校和研究。

二、文字考釋

1. 簡本「秉璧戴珪」，[2] 傳世本作「植璧秉

1 劉殿爵以同源文字為重見文字的一種：「這種重見文字大體上可分兩類，一類是同源的重文，一類是不同源的重文。兩者明顯不同，不容易混殽。同源重文之間有個別互相不同的異文，甚或有詳略之別，但必定可以一字一字相對排比起來。不同源的文字則不然，即使內容無甚差別，文字卻無法一字一字排比起來。」見劉殿爵：〈秦諱初探 —— 兼就諱字論古書中之重文〉，《中國文化研究所學報》，第 19 卷（1988），頁 251。

2 簡本「峕」字整理者讀為「植」，復旦大學出土文獻與古文字研究中心研究生讀書會（以下簡稱「復旦讀書會」）讀為「戴」。「峕」字在楚簡多讀為「戴」。詳見沈培：〈試釋戰國時代從「之」從「首（或從『頁』）」之字〉，武漢大學簡帛研究中心網站，2007.7.17，http://m.bsm.org.cn/?chujian/4842.html（檢索日期：2024 年 8 月 17 日）。本文簡本〈金縢〉原文，均引自清華大學出土文獻研究與保護中心編，李學勤主編：《清華大學藏戰國竹簡（壹）》（上海：中西書局，2010），頁 157－161。下不煩引。

珪」，[3]《史記．魯周公世家》作「戴璧秉圭」，[4]「戴」、「植」、「秉」或為手執之義。

戴、植古音相近，讀為「植」，二字相通。偽孔《傳》、鄭注訓「植」為「置」，後世學者多從此說。[5]「戴」/「植」作放置之義，也得到今人從考古學和器物研究方面的支持。如劉起釪（1917－2012）就說：「『璧』和『圭』都是古代以玉作的禮器，供貴族們在朝聘、祭祀、喪葬等禮節中使用的。『璧』是環狀的扁平圓玉塊。『圭』是上為三角狀、下為長條矩形的玉塊。」[6]鄧淑蘋〈古玉的認識和賞析〉則說：「璧是最重要的祭器，豎立（植）於壇上，用以依附自天而降的祖靈；圭是最重要的瑞器，主祭者執於手

3 顧頡剛、劉起釪：《尚書校釋譯論》（北京：中華書局，2005），第3冊，頁1223。《尚書．金滕》（傳世本）原文，下不煩引。

4 司馬遷撰，裴駰集解，司馬貞索隱，張守節正義：《史記》（北京：中華書局，1982），卷33，〈魯周公世家〉，頁1516。《史記．魯周公世家》原文，下不煩引。

5 顧頡剛、劉起釪：《尚書校釋譯論》，第3冊，頁1226－1227。

6 同上註，頁1227。

中，以表彰自己的身份。」[7]不過也有意見認為，簡本和傳世本的兩個謂語動詞既然可以互換，說明「植」/「戴」與「秉」義相同。如宋華強指出「植」、「戴」當讀為「持」，此處是寫周公手持璧和珪。[8]黃懷信則認為「植」當借作「執」，將此句理解為周公手拿璧和珪。[9]

筆者認為當從黃氏所說，「植」字通「執」。[10]珪、璧俱可手執，璧作為禮器，不一定要「置」於壇上。古書即有「執璧」之例，如《禮記》〈雜記〉：「執璧

7 鄧淑蘋：〈古玉的認識和賞析 —— 由高美館展覽談起〉，《故宮文物月刊》第 141 期（1994），頁 41。

8 宋華強：〈清華簡《金縢》校讀〉，武漢大學簡帛研究中心網站，2011.1.8，http://m.bsm.org.cn/?chujian/5567.html（檢索日期：2024 年 8 月 17 日）。

9 黃懷信：〈清華簡《金縢》校讀〉，《古籍整理研究學刊》2011 年第 3 期，頁 25－26。

10 「植」字古音禪紐職韻，「執」字章（照三）章紐緝韻。禪母〔ʑ〕與章母〔tɕ〕相通。職（əp）、緝（ək）二部通轉，故「植」與「執」相通。參見唐作藩：《上古音手冊》（南京：江蘇人民出版社，1982），頁 171－172；陳新雄：《古音研究》（台北：五南圖書出版有限公司，1999），頁 647；陸志韋：《古音說略》（台北：臺灣學生書局，1979），頁 207。

將命。」[11]《周禮》〈射人〉:「三公執璧。」[12]且前文設壇，既已交代周公立於其上（「周公立焉」），則後文應是描寫周公手拿珪璧、立於壇上的狀態，也就是說，「植璧秉珪」當看作周公「立」這一動作的補語。若理解為「置璧」，則變作周公立於壇上——璧放在壇上——周公手拿珪玉，文意頗不通順。或以為周公不可同時手執璧、珪二物，然查《漢書》〈王尊傳〉:「尊親執圭璧，使巫策祝。」[13]《後漢書》〈孝明帝紀〉:「親執珪璧，恭祀天地。」[14]可知璧、珪未必不可同時手執。

11 鄭玄注，孔穎達正義：《禮記注疏》（杭州：浙江大學出版社，2019），卷 51，頁 1031。

12 鄭玄注，賈公彥疏：《周禮注疏》（上海：上海古籍出版社，2010），卷 36，頁 1173。

13 班固撰，顏師古注:《漢書》(北京:中華書局，1962)，卷 76〈王尊傳〉，頁 3237。

14 范曄撰，李賢等注，司馬彪補志:《後漢書》(北京:中華書局，1965)，卷 2〈孝明帝紀〉，頁 100。

2. 簡本「爾之許我，我則□（厭）璧與珪；爾不我許，我乃以璧與珪歸。」傳世本作「爾之許我，我其以璧與珪歸俟爾命；爾不許我，我乃屏璧與珪。」傳世本有誤。

「□」字清華簡整理者讀為「晉」或「進」。[15] 復旦大學出土文獻與古文字研究中心研究生讀書會指出，「□」字屢見於新蔡簡，當讀為「厭」。[16] 宋華強結合楚簡的通假情況，認為「□」字只是與「厭」相通的喉牙音閉口韵字，推測此字蓋為「贛」，作「賜」義，表示下對上的貢獻。[17] 黃人二、趙思木則讀「□」為「薦」。[18] 案：「□」字為「厭」，徐在國已有詳論，如新蔡簡「王孫□」，又作「王孫厭」。楚

15 李學勤主編：《清華大學藏戰國竹簡（壹）》，頁 160。

16 復旦大學出土文獻與古文字研究中心研究生讀書會：〈清華簡《金縢》研讀札記〉，復旦大學出土文獻與古文字研究中心網站，2011.1.5，http://www.fdgwz.org.cn/Web/Show/1344（檢索日期：2024 年 8 月 17 日）。

17 宋華強：〈清華簡《金縢》校讀〉，武漢大學簡帛研究中心網站，2011.1.8，http://m.bsm.org.cn/?chujian/5567.html（檢索日期：2024 年 8 月 17 日）。

18 黃人二、趙思木：〈讀《清華大學藏戰國竹簡》書後（一）〉，復旦大學出土文獻與古文字研究中心網站，2011.1.7，http://m.bsm.org.cn/?chujian/5565.html（檢索日期：2024 年 8 月 17 日）。

文字所見該字，均讀如「厭」。[19] 今依徐說，定「[illegible]」字為「厭」。筆者認為，「厭」字通「獻」，當作進獻之義。[20]

簡本前半句「爾許我，我則厭璧與珪」，傳世本作「爾之許我，我其以璧與珪歸俟爾命」；簡本後半句「爾不我許，我乃以璧與珪歸」，傳世本作「爾不許我，我乃屏璧與珪」。簡本與傳世本此處出入較大。依簡本之義，周公告於先王，若先王接納所求，則獻上禮器；若不接納，則不獻。然而，簡本後半句所說的「爾不我許，我乃以璧與珪歸」，到了傳世本卻成了前半句。許誓應驗卻不獻玉，反而將玉帶回家，邏輯上殊不合理。可知傳世本有誤，當從簡本。

19 徐在國：〈新蔡葛陵楚簡札記（二）〉，《簡帛研究》網站，2003.12.17，http.www.jianbo.org/admin3/list.asp?id=1069（網頁已移除）。

20 「厭」字古音影紐談韻，「獻」字曉紐元韻。影、曉二紐古不甚區別，談部與元部相通合韻，故「厭」可通作「獻」。唐作藩：《上古音手冊》，頁 141、151。

3. 簡本「禍人乃斯得」、傳世本「則罪人斯得」中「斯」字當訓「盡」。

學者多釋「斯」為連接副詞「乃」，偽孔《傳》解作「此」。[21]「則罪人斯得」謂「則罪人乃得」，看似通順，但是簡本作「禍人乃斯得」，「乃斯」連用，副詞後再加副詞，於古無據。「斯」字的另一種解釋是「盡」、「皆」。[22] 從簡本〈金縢〉的另一處文字，可以證明這種解釋是合理的。傳世本〈金縢〉的「禾則起」、《史記》的「禾盡起」，簡本作「禾斯起」，「斯」即「盡」義。又，傳世本及簡本〈金縢〉：「禾盡偃，大木斯拔。」《史記》作「禾盡偃，大木盡拔。」司馬遷亦以「盡」釋「斯」。

除了本證，漢魏引用「罪人斯得」一句時，均將「斯」字作「盡」義用。如《漢書》〈敘傳下〉：「孝昭幼沖，冢宰惟忠。燕蓋譸張，實叡實聰。罪人斯得，邦家和同。述昭紀。」[23] 此處「罪人斯得」即為罪人

---

21 顧頡剛、劉起釪：《尚書校釋譯論》，頁 1238。

22 《孔疏》引王肅釋為「皆」，俞樾據鄭玄說釋為「盡」，參見顧頡剛、劉起釪：《尚書校釋譯論》，頁 1238。

23 《漢書》，卷 100〈敘傳下〉，頁 4238。

盡得之義，若解作「乃」或者「此」、「這」等義項，文理則不通。再如徐幹（170－217）《中論》〈民數〉:「如是姦無所竄，罪人斯得。」[24] 謂奸佞無所逃竄，罪人盡被捕獲，引用〈金縢〉原文，也是將「斯」釋作「盡」。相似之例還有很多，茲不贅舉。

此外，清華簡《皇門》篇兩見「斯乃」:「我王訪良言於是人。斯乃非休德以應。」「是人斯乃讒賊□□，以不利厥辟厥邦。」有論者將「斯乃」看作順承連詞「則」、「就」。[25] 若如此，則「斯乃」與「乃斯」相同，也等同於單作「乃」、「斯」。然而筆者認為，「斯乃」的「斯」字是代詞「這」、「此」。「斯乃」是這才、這就的意思，古書常見，如《史記》〈平津侯主父列傳〉:「儉化俗民，則尊卑之序得，而骨肉之恩親，爭訟之原息，斯乃家給人足。」[26]《後漢書》〈班彪列傳〉:「建武之元，天地革命，四海之內，更造夫婦，肇有父子，君臣初建，人倫寔始，斯乃虙羲氏之

---

24 徐幹:《中論》（北京：中華書局，1985），頁 37。

25 張顯成、王玉蛟:〈《清華大學藏戰國竹簡（壹）》虛詞研究〉，《出土文獻（第二輯）》（上海：中西書局，2011），頁 92。

26 《史記》，卷 112〈平津侯主父列傳〉，頁 2963。

所以基皇德也。……龔行天罰，應天順人，斯乃湯武之所以昭王業也。」[27]「斯乃」均是「這就是」、「這才是」之義，可知「斯乃」不可等同於「乃斯」，二者也都不能簡化為連詞「乃」（則、就）。故傳世本「罪人斯得」即罪人盡得。

4. 簡本「禍人乃斯得。於後▃，周公乃遺王詩」，斷句或當作「禍人乃斯得於後，周公乃遺王詩」。

「於後」二字歷來被解作「於是」、「然後」或者「其後」講，連接後文周公作詩一事。「於後」作為引介時間的「其後」之義，清華簡中僅一見，[28] 然而遍查古籍，「於後」二字連用放在句首，於古無徵，是為孤例。且清華簡「於後」二字下，有明顯的句讀符

27 《後漢書》，卷 40〈班彪列傳〉，頁 1360－1361。

28 詳見張顯成、王玉蛟：〈《清華大學藏戰國竹簡（壹）》虛詞研究〉，《出土文獻（第二輯）》，頁 100。

號（見圖 1），[29] 此前似未得到重視。疑斷句當作「禍人乃斯得於後，周公乃遺王詩。」

5. 簡本「王亦未逆公」，傳世本作「王亦未敢誚公」，《史記》作「王亦未敢訓周公」，當根據簡本推敲「誚」字之義。

《豳風》〈鴟鴞〉毛詩序謂：「〈鴟鴞〉，周公救亂也。成王未知周公之志，公乃為詩以遺王，名之曰〈鴟鴞〉焉。」[30] 周公在〈鴟鴞〉詩中表達自己的救亂之志，意在消除成王的疑慮，然而成王卻並未被打動。這句話簡本作「王亦未逆公」，即成王也沒有迎回周公，這句話很好理解。但是傳世本「王亦未敢誚公」如何解釋，歷來都有爭議。

---

29 關於竹簡上的各種符號，學者陳偉對包山簡、彭浩對郭店竹書、林素清對楚簡符號等，均作過討論和整理。這種點狀符號一般有四種功能和意義：（1）句讀符；（2）重合符（或寫兩畫、或寫一畫）；（3）篇章符；（4）提示符：提示人名和地名、提示缺字、提示分欄。詳見陳偉：《楚簡冊概論》（武漢：湖北教育出版社，2012），頁 15－23。簡本〈金縢〉這句話中，「▬」當是句讀符號。

30 毛亨傳，鄭玄箋，孔穎達疏，陸德明音釋：《毛詩注疏》（上海：上海古籍出版社，2018），卷 8，頁 732。

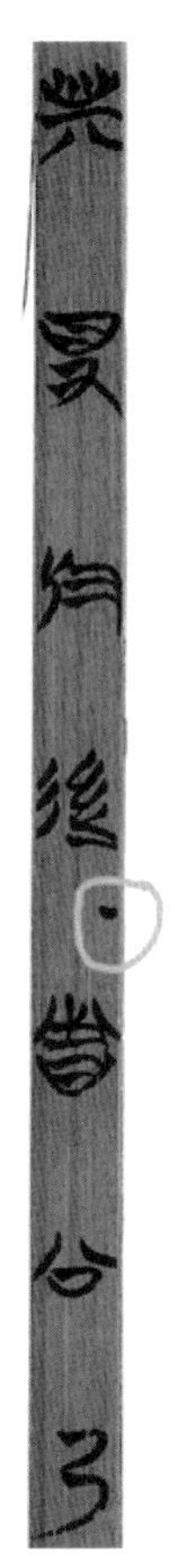

圖 1　簡本「禍人乃斯得於後▬，周公乃遺王詩」句，「於後」二字之後有明顯的句讀符號。

一種說法是以鄭玄為代表，以「誚」為責備、責讓之義。[31] 後世持此論者，根據主要是「誚」和「訓」字都有責備、訓斥的義項，因此司馬遷作《史記》時，以更常用的「訓」字代替「誚」字。聯繫到整句話，意思就是：周公寫詩給成王，成王也不敢責備周公。但是這樣的解釋很明顯文理不通。另外一種觀點，是以《史記》〈魯周公世家〉作「王亦未敢訓周公」為根據，釋「訓」為「順」，即釋為順從之義。整句話的意思是：王亦未敢順從周公（想要回都）的意思。[32] 儘管這一說法放在原句中比較通順，但問題是，「誚」在先秦兩漢古籍中，並沒有作為順從的用

31 同上註，頁 734－735。

32 如孫星衍、皮錫瑞、王先謙等。孫星衍：《尚書今古文注疏》（北京：中華書局，1986），卷 17，頁 334。皮錫瑞：《今文尚書考證》（北京：中華書局，1989），卷 13，頁 298。王先謙：《尚書孔傳參正》（北京：中華書局，2011），頁 614。楊筠如：《尚書覈詁》認為「訓」、「誚」義近。楊說轉引自顧頡剛、劉起釪：《尚書校釋譯論》，頁 1239。

法。[33]

此外，將「訓」解釋為「順」，也不符合司馬遷的意思，因為經過司馬遷的改編，《史記》這裏的文字雖然仍與〈金縢〉相近，情節卻已不同：《史記》前文寫周公平定叛亂後「歸報成王」，也就是說周公已經回到了王城，因此也就不可能像簡本〈金縢〉所寫的那樣，有成王是否迎回周公的問題。而司馬遷說的「王亦未敢訓周公」，絕非「成王不敢順從周公回都之意」的意思。至少在司馬遷的解釋中，他還是將「誚」當作責備、責讓的意思，因此改用的「訓」字，也是訓斥之義。

區別於今文學家的音訓，段玉裁（1735－1815）提出譌字的可能。他猜測《史記》「訓」字是「訬」的誤寫。依據《玉篇》、《集韻》等字書，「訬」又作

33 「誚」出現在古書中，多作責讓之意。例如《韓非子》〈外儲說左上〉：「父母怒而誚之。」，見陳奇猷校注：《韓非子集釋》（上海：上海人民出版社，1974），卷 11，頁 638；《呂氏春秋》〈慎行論．疑似〉：「酒醒而誚其子。」，見王利器：《呂氏春秋注疏》（成都：巴蜀書社，2002），卷 22，頁 2733；《史記》〈黥布列傳〉：「項王由此怨布，數使使者誚讓召布。」，見《史記》卷 91〈黥布列傳〉，頁 2599。

「訫」，是「信」的古字，《史記》原本作「王亦未敢信公」。[34] 這種解釋在文義上雖能說通，但是過於迂曲，且缺乏堅實證據。高本漢（1889－1978）便反駁道，若如段氏的方法，那麼「訬」字也可以說是「訕」的形譌，「訕」為誹謗、中傷、詆毀之義，原文的意思可以是：「王仍然不敢說周公不好。」[35] 高氏以彼之矛、攻彼之盾，在於反駁段氏毫無依據的臆測。然而高氏卻同意鄭玄將「誚」釋為責備、責讓的說法，但是仍然沒能解釋此說的合理性。

今人陳劍也將「誚」定為誤字，認為原本作「御」：

> 簡本文脈清晰，遠勝傳世本，「誚」必為誤字。但「逆」、「誚」形音懸隔，何以致誤頗難質言。大膽推測，古「逆」、「御」、「迎」三字音義皆近，本有同源關

34 段說參見王先謙：《尚書孔傳參正》，頁614。

35 （瑞典）高本漢著，陳舜正譯：《高本漢書經注釋》（台北：中華叢書編審委員會，1970），頁549。

> 係，且多見異文互作者。此「逆」字或有作「御」之本，而「御」又寫作「（𧦝）」形。「𧦝」在本篇簡 5 即兩見，皆用為「許」字，應即「許」之繁體。但其聲符部分實為「御」字簡體，且〈皇門〉簡 16「」字應即「許」之繁構而用為「變御」之「御」，可見當時「許」、「御」多通，「御」字曾在有的本子中寫作「（𧦝）」完全可能。形即與「誚」形極近而易致誤。[36]

陳劍認為「誚」字本作「御」。「逆」、「御」、「迎」三字音義皆近，故可通。「御」字之形作，與「誚」形極近，故而致誤。筆者以為，陳氏此說雖屬推測，但有兩點值得肯定：其一，傳統說法不論訓作責讓還

36 陳劍的觀點，見復旦大學出土文獻與古文字研究中心研究生讀書會：〈清華簡《金縢》研讀札記〉，復旦大學出土文獻與古文字研究中心網站，2011.1.5，http://www.fdgwz.org.cn/Web/Show/1344（檢索日期：2024 年 8 月 17 日）。（編按：引文提及〈皇門〉，疑有誤；正確的篇名似為〈祭公〉。）

是順從，都不能説通，不應盲目從信；其二，此處當以簡本為重要依據，簡本文脈非常清晰，「逆」者迎也，就是説成王雖然收到周公〈鴟鴞〉詩，仍未迎回周公。因此筆者認為，既然目前的幾種解釋都不盡如人意，這裏可以根據簡本的記述作解，暫不糾結於傳世本「誚」字的紛爭。

三、傳世本譌字和脱衍問題

1. 傳世本「王翼日乃瘳」，簡本未交待武王病愈，然簡本此處未必是闕文。又，傳世本「乃卜三龜」至「能念予一人」，簡本無，蓋為後世附益。

《史記》:「明日，武王有瘳。」近於傳世本。初讀此處，疑簡本存在脱漏，傳世本交待武王病愈，較簡本更佳。細思之下，方覺周公許誓、武王如願康復的情節看似圓滿，邏輯上卻不合理。

首先，「自以為功代武王」是周公許誓的核心內容，以身代死即是以自己的生命作為交換條件，祈求武王病愈。按理來説，接下來故事的發展應該只有兩種可能：其一，若許誓靈驗，則武王病愈，周公代死；其二，若許誓未驗，則武王病逝，周公無恙。

簡本的故事便是按照後者發展，並未交待武王病愈的情節，直接就說「就後武王陟」。[37] 周公許誓完畢，將許誓內容藏於匱中，武王不久後便病逝了。傳世本卻多出武王病愈的情節，此情節的增設，目的在於彰顯周公許誓之功。武王因周公而獲救，更能凸顯周公的忠誠和功勞。但是這樣一來，卻與周公以自身作為交換條件的誓言兩相牴牾。傳世本作者（或後世傳者）大概也發現了這個問題，遂又增加了自圓其說的一大段話：

> 乃卜三龜，一習吉。啟籥見書，乃並是吉。公曰：「體！王其罔害。予小子新命于三王，惟永終是圖；茲攸俟，能念予一人。」

37 簡本[illegible]為「力」字，整理者釋為「陟」，也有學者持不同意見。案《竹書紀年》記某王下世，多用「陟」字，故本文依從整理者的說法。

前文二公在提議「穆卜」之時，[38] 周公明明說「未可以戚我先王」，傳世本添加「乃卜三龜」之事，與前文拒絕「穆卜」顯然矛盾。相比之下，簡本沒有後來占卜的情節，則顯得更為合理。此情節之添設，無非是要化解周公以身代死與武王病愈兩情節之間的不合，卻不曾想到又生出新的問題。

周公見到吉兆後所說的「體！王其罔害」，是自言自語。「體」字，偽孔《傳》、蔡沈（1167－1230）《書集傳》等注都釋作「兆體」，[39] 即體為兆象之義。俞樾（1821－1907）則認為「體」字是發語詞：

> 「體」字以一言為句，乃發語之辭，慶幸之意也。《詩 · 氓篇》曰：「爾卜爾筮，體無咎言。」《釋文》曰：「體，《韓詩》作

38 「穆卜」之義，歷代說法不同，黃澤鈞論之頗詳，今依其說，訓「穆」為「敬」。詳見黃澤鈞：〈出土、傳世本《金縢》合校——「穆卜」一詞為對象〉，《有鳳初鳴年刊》，第 9 期（2013），頁 481－501。

39 見顧頡剛、劉起釪：《尚書校釋譯論》，第 3 冊，頁 1233。

『履』，幸也。」然則體亦猶幸也。[40]

俞氏認為，《史記》因為將這段話改作周公對武王說的賀辭，便刪去了「體」這一不合情境的發語詞，可備一說。

2. 簡本「成王猶幼，在位」，傳世本無，蓋是脫漏。

傳世本闕。若無此句，「公將不利於孺子」流言中的「孺子」不知所指，前文應對成王年幼之事有所交待。

3. 簡本「王問執事人」，傳世本作「二公及王乃問諸史與百執事」，循上下文意，簡本似更為合理。

簡本問話者為成王，被問者為執事。傳世本問話者為二公及成王，被問者為諸史與百執事。《史記》作「乃問史、百執事。」與傳世本相近。周公許誓

40 俞樾：《群經平議》(杭州：浙江古籍出版社，1995)，卷 5，頁 125。

行事絕密，不難推斷參與之人絕非眾數。而傳世本和《史記》卻記為諸史與百執事，難以説通。簡本詢問執事人的只有成王，傳世本則多出二公。周公此前曾拒絕二公「穆卜」的提議，雖然沒有交代二公的反應，但是可以推斷二公見證了周公接下來的許誓，不應對此事置之不理。傳世本及《史記》寫二公對周公許誓一無所知，殊違情理。

根據前文周公命執事人「勿敢言」，可知「執事人」即負責看守金縢之匱的人。傳世本前文並沒有周公命誡「勿敢言」的內容，蓋在傳抄時闕漏。傳世本、《史記》寫成王問的對象是「諸史」和「百執事」。「史」是之前冊祝之人，雖參與許誓，卻並不涉及秘藏金縢之匱一事，因此簡本中「史」不在後來成王詢問之列，更為合理。此外，傳世本、《史記》在前文中都未寫到「執事人」（簡本則有），後文「百執事」被詢問則顯得十分唐突。相比之下，《史記》倒還交代了周公「誡守者」的情節。「守者」即對應簡本的「執事人」，也就是看守金縢之匱的人，傳世本則全無此事。

4. 簡本「王乃出逆公，至郊」，傳世本作「王出郊」，疑有脱漏；簡本「天反風」，傳世本作「天乃雨，反風」，「乃雨」蓋為衍字。

簡本「王乃出逆公，至郊。」對應前文「王亦未逆公」，以及成王所説的「惟余沖人其親逆公」。傳世本作「王出郊」，蓋有脱陋。

傳世本「乃雨」二字當是衍文。「天乃雨，反風，禾則盡起」，指成王迎回周公，異象消除。「反風」是風停之義。此處的理解，應對應前文成王未迎周公時來説，當時的種種異象是：「秋大熟，未獲，天大雷電以風，禾盡偃，大木斯拔。」「雷電以風」簡本作「疾風以雷」，指風雷交加，前後均與雨無涉。然而《史記》作「暴風雷雨」，雨在這裏是作為災異之象而出現，後文寫災異消除，便應以雨停為象，《史記》卻又因襲傳世本而作「天乃雨」，顯然有誤。

傳世本「天乃雨」是寫異象消除時方才下雨，此前風雷交加之時則並未下雨。這實際上也説不通，因為風停之後反而下雨，並非正常的自然現象。查王充（27－97）《論衡》〈感類〉論及災異警示的問題時，引用〈金縢〉並解釋説：「當雷雨時，成王感懼，開〈金縢〉之書。」甚至分析了雷、雨災變如何逐步消除：

> 問：「天為雷雨以悟成王，成王未開金匱雷雨止乎？已開金匱雷雨乃止也？」應曰：「未開金匱雷雨止也。開匱得書，見公之功，覺悟泣過，決以天子禮葬公。出郊觀變，天止雨，反風，禾盡起。由此言之，成王未覺悟，雷雨止矣。」[41]

其中「出郊觀變，天止雨，反風，禾盡起」，大概是王充發覺傳世本〈金縢〉「乃雨」之不合理，便改作「止雨」(或王充所見版本如此)。殊不知〈金縢〉原本前後均不及有雨無雨，災異的重點當在於大風吹倒禾及大樹。

41 王充撰，黃暉校釋：《論衡校釋》(北京：中華書局，1990)，卷 18〈感類篇〉，頁 793－794。

5. 簡本「以啟金縢之匱」，傳世本作「以啟金縢之書」，傳世本誤。

《史記》依傳世本亦作「以開金縢書」。前文周公許誓以身代死，將冊納入金縢之匱，後文所開啟的也應是「匱」，傳世本及《史記》誤作「書」。

6. 簡本「凡大木之所拔」，傳世本「拔」字誤作「偃」。

對照前文「禾盡偃，大木斯拔」，可知傳世本〈金縢〉、《史記》「凡大木所偃」的「偃」字誤，當作「拔」。

7. 簡本「歲大有年，秋則大獲。」傳世本作「歲則大熟」，誤，或闕「大獲」，又或作「歲則大獲」。

迎回周公前的「秋大熟，未獲」乃是異象警示，後文異象消除時當為熟且獲。簡本作「歲大有年，秋則大獲」，有學者認為：「大有年」與「大獲」同義重復，簡本此處不如傳世本簡潔。[42] 此說實不確。然

42 黃懷信：〈清華簡《金縢》校讀〉，頁 28。

而「大有年」實際與「大獲」不同，查《穀梁傳》宣公十六年云：「五穀大熟為大有年。」[43] 桓公三年云：「五穀皆熟為有年也。」[44] 義亦同。則「大有年」即「大熟」，而非「大獲」之義。簡本寫災異時熟而未獲，災異消除後則熟而且獲。傳世本只作「大熟」，或闕「大獲」（或表示相關義項的內容），又或是「大獲」之誤寫。

四、簡本對研究〈金縢〉之幫助

1. 依據簡本，解決歷來的釋義爭議。

如前述「罪人斯得」的「斯」字當訓為「盡」。王肅（195－256）、俞樾雖持此見，但未能達成共識。今據簡本「禍人乃斯得」，「乃斯」二字不應均

43 鍾文烝：《春秋穀梁經傳補注》（北京：中華書局，2009），卷16，頁462。

44 《春秋穀梁經傳補注》，卷3，頁88。案：桓公三年《公羊傳》此處云「彼其曰大有年何？大豐年也。」徐彥疏云：「謂五穀皆大熟成。」故雖《公》、《穀》解「大有年」分別作「熟年」、「豐年」，實則同指五穀熟成之義。陳立：《公羊義疏》（北京：中華書局，2017），卷11，頁429－430。

為副詞而連用；又由簡本「禾斯起」、「大木斯拔」，對應傳世本「禾則盡起」及《史記》「大木盡拔」，知〈金縢〉本篇便有以「斯」作「盡」義之例。加之兩漢引用「罪人斯得」皆以「斯」作「盡」，更為此解添一證據。

再如前述傳世本「凡大木所偃，盡起而築之」，簡本作「凡大木之所拔」。根據傳世本及簡本前文「禾盡偃，大木斯拔」，可判定傳世本「凡大木所偃」的「偃」字本當作「拔」，「凡大木之所拔」即凡（此前）所拔之大木的意思。

2. 依據簡本，雖不能證得確解，卻可排除不合理的說法。

如前述傳世本「王亦未敢誚公」，學者多據《史記》「王亦未敢訓周公」，釋「誚」作「訓」。「訓」或解為責備、責讓；或解作順從。由此比對傳世本，雖然「誚」字本有責備之義，但是放在這裏卻無法說通。而「誚」字若作順從之義，雖然可以解釋為成王沒有順從周公想要回都的意願，但是一方面「誚」字作順從義於古無徵；另一方面，這一解釋主要根據

《史記》作「訓」而來，但是根據司馬遷將「訓」字改作「誚」，明顯是用責讓義，而非順從義，可知以往作為主流的兩種解釋都不合理。至於段玉裁及今人陳劍的說法，僅屬猜想，缺乏實證。對於這句話及相關文義的理解，當以簡本「王亦未逆公」為主。傳世本存在的問題則可先擱置，不必妄下定論。

3. 依據簡本，知傳世本譌字或脱衍。

如前述簡本「天反風」，傳世本作「天乃雨，反風」，據簡本可證傳世本「乃雨」二字當是衍文。王充所依據的版本的作者，大概發覺了「乃雨」二字不妥，而改作相反之象「止雨」。清儒王引之（1766－1834）同樣認為傳世本有誤，依據《琴操》「天乃反風霽雨」，改作「天乃霽」。[45] 二者均因未見簡本，故而將傳世本判斷為誤字而非衍文。

再如前述簡本「以啟金縢之匱」，傳世本誤作「以

45 王引之：《經義述聞》，上海：上海古籍出版社，2016，卷 3，頁 202。

啟金縢之書」，《史記》又因襲此誤。

又如前述簡本「歲，大有年，秋則大獲。」傳世本作「歲則大熟」，誤，當作「歲則大獲」。劉起釪將這句解釋為：這一年仍然獲得了一個大熟的收成。[46] 便是發現傳世本文尾「歲則大熟」當區別於災異時的「秋大熟未獲」，因此在翻譯時加入了「獲得」的意思，這是劉氏精審之處。然而劉氏因未見簡本，故不知傳世本文尾「大熟」當是誤寫或脫漏。

4. 依據簡本，為傳世本字句的解釋提供新思路。

如前述傳世本「植璧秉珪」，《史記》作「戴璧秉珪」。前人多探討「植」、「戴」相通及二字何以訓作「置」義。簡本「秉璧戴珪」的出現，因謂語動詞的位置與傳世本相對調，有學者提出「戴」、「植」與「秉」都是手執的觀點。筆者也傾向以此作解。

再如前述簡本「爾許我，我則厭璧與珪；爾不我許，我乃以璧與珪歸。」是說若許誓靈驗則獻上璧

46 顧頡剛、劉起釪：《尚書校釋譯論》，第 3 冊，頁 1244。

珪，不靈驗則不獻。簡本中「以璧與珪歸」的消極行為，到了傳世本反而成了許誓靈驗後的積極行為:「爾之許我，我其以璧與珪歸俟爾命。」傳世本如此行文，恐怕是流傳過程中產生的錯誤所致。簡本出現以前，這句話的解釋並不存在爭議。通過簡本，才會發現傳世本的敍述不合情理。

五、文本流傳及解經過程中的經典「合理化」

1. 層累的形成：故事情節的豐富和「完善」。

清華簡是戰國中晚期的傳本。[47] 傳世本〈金縢〉是唐初孔穎達（574－648）作《疏》的《尚書》傳世定本，屬於與今文相合的二十九篇之一，因此可視作漢代流行的一個版本。司馬遷對〈金縢〉原文作了「翻譯」和解釋，其依據的〈金縢〉底本，更近傳世本〈金縢〉。從戰國時的簡本到漢代的傳世本，再到《史記》的記載，我們可以清晰地看到〈金縢〉故事層累的形

47　李學勤主編：《清華大學藏戰國竹簡（壹）》，頁3。

成和衍變過程。[48]

以本文所舉傳世本中的「王翼日乃瘳」及「乃卜三龜」至「能念予一人」為例，這些文字為簡本所無。兩段文字的增設，都是為了使這個故事的敍事更加完整。通過簡本、傳世本以及《史記》的對比，可以從中勾勒出一個層累的改寫過程。首先，加上「王翼日乃瘳」一句，是為了使周公許誓一事得到圓滿收場。單從簡本的敍述來看，沒有這個情節絲毫不影響整個故事的完整性。周公許誓雖然是為了武王的病，但是放在整個故事中，這一情節的設置一是通過以身代死的誓言，彰顯周公的忠心；二則是誓詞寫於金

48 楊振紅在研究〈金縢〉時指出：「三種〈金縢〉本，其重要的差異之一是內容繁簡不同，清華簡最簡，今傳本次之，《史記》最繁。這與三種文本的著作年代先後相一致，即清華簡最早；今傳本因與伏生傳本相同或大體相近，故次之；《史記》成書於漢武帝時期，故最晚。上述現象表明，其著作年代越晚，其文本的內容以及所記載的歷史事跡愈豐富。也就是說，周公及周成王的歷史事跡在戰國到西漢中期，隨着《尚書》的逐漸演化成書，經歷了層累疊加的過程。」楊振紅：〈從清華簡《金縢》看《尚書》的傳流及周公歷史記載的演變〉，《中國史研究》，2012年第3期，頁47－63。

縢，而金縢之匱的開啟成為了消解成王疑慮的關鍵道具。至於這一誓言是否應驗，又是否因此使武王痊癒，恐怕本不在敍述之列。

但是傳世本增加了武王痊癒的情節後，便與周公以身代死的誓言相牴牾。周公既然祈求以身代死，那麼武王痊癒後，周公又何以不死？為化解這個明顯的不和諧處，修改者不得不增加「乃卜三龜」至「能念予一人」這段情節，以自圓其說。當然，增加這一情節與增加「王翼日乃瘳」未必就是同一人所為，也有可能是在流傳過程中又經修改而成。這中間的細節，今已無從得知。

2.「整齊故事」：解經促成的經典「合理化」。

〈金縢〉在早期流傳過程中，經過主動的改寫和被動的譌誤、脱衍，最終定型時，面貌已不同於早期的文本原貌。傳統解經的重點並不是去討論文本本身存在的問題，或是考察經典形成的過程，而是要為經文提供一個合理的解釋。正如顧頡剛（1893－1980）在討論「司馬遷與鄭玄的整齊故事」時所論，古人因為歷史觀念的局限，即便是重視訓詁的東漢經師，其解經方式往往也會「隨文敷義」、「附會曲解」。[49] 以本文為例，簡本未出之前，因為沒有文獻對照，對於傳世本何以大木前為「拔」而後又「偃」，不乏曲解。東漢馬融（79－166）就說：「禾為木所偃者，起其木，拾其下，乃無所失亡也。」將「凡大木所偃」理解為凡大木所偃之禾。又如偽孔《傳》和孔穎達《疏》釋為：「木有偃拔，起而立之，築有其根。」[50] 也是欠缺根據的臆說，通過簡本可證其誤。

不過從另一個角度講，後世學者通過「隨文敷義」、「附會曲解」解釋並不「醇粹」的文本，卻也是使經典「合理化」的重要助力。仍以前文提及的「乃卜三龜」為例，王充在解釋有關情節時說：

> 曰：實人能神乎？不能神也？如神，宜知三王之心，不宜徒審其為鬼也。周公請命，史策告祝，祝畢辭已，不知三王所

49 顧頡剛：〈戰國秦漢間人的造偽與辨偽・司馬遷與鄭玄的整齊故事〉，《古史辨自序》（北京：商務印書館，2015），頁 165。

50 以上諸說，見顧頡剛、劉起釪：《尚書校釋譯論》，第 3 冊，頁 1244。

> 以與不，乃卜三龜，三龜皆吉，然後乃喜。能知三王有知為鬼，不能知三王許己與不，須卜三龜，乃知其實。定其為鬼，須有所問，然后知之。死人有知無知，與其許人不許人，一實也。能知三王之必許己，則其謂三王為鬼，可信也；如不能知，謂三王為鬼，猶世俗之人也；與世俗同知，則死人之實，未可定也。[51]

王充不知道這段文字本不屬於〈金縢〉原文，而且與周公拒絕穆卜的情節相矛盾。他的說法實際上是使這段層累而成的文字看上去「合理化」了。再比如孔穎達的解釋：

> 我與三王人神道隔，許我以否不可知。今我就受三王之命，於彼大龜卜其吉凶。吉則許我，凶則不許我。爾之許我，使卜得吉兆，旦死而發生，我其以璧與珪

51 《論衡校釋》，卷 21〈死偽篇〉，頁 891。

> 歸家待汝神命，我死當以珪璧事神。爾不許我，使卜兆不吉，發死而旦生，我乃屏去璧之與珪，言不得事神，當藏珪璧也。[52]

因為周公與先王「人神道隔」，因此只説誓詞是不夠的，必須要用「大龜卜其吉凶」，溝通神明，以此得知許誓是否靈驗。孔氏的説法其實也是將後世附益的吉卜之文，進行了「合理化」的詮釋。

3.《史記》對〈金縢〉故事的「改寫」。

司馬遷《史記》對〈金縢〉故事的「改寫」，其實也是對經典的「翻譯」和解釋。從大的故事架構看，〈金縢〉故事在《史記》〈魯周公世家〉中變成了兩個相似的故事：

第一個故事是從「武王克殷二年，天下未集，武王有疾，不豫」到「王亦未敢訓周公」，包括武王生病、周公許誓以身代死、管叔流言、周公東征等事，

---

52 阮元審定，盧宣旬校：《尚書注疏》，《重刊宋本十三經注疏附校勘記》（北京：中華書局，2009 年），卷 13，頁 416－417。

對應《尚書》〈金縢〉開篇到「王亦未敢誚公」。司馬遷將「周公居東」理解為「周公東征」，因此加入了管蔡叛亂及周公東征的大段文字。〈金縢〉關於災異及金縢之匱的開啟的內容，被寫到「周公卒後」才發生。而這段文字之前卻又穿插入第二個故事：

> 初，成王少時，病，周公乃自揃其蚤沈之河，以祝於神曰：「王少未有識，奸神命者乃旦也。」亦藏其策於府。成王病有瘳。及成王用事，人或譖周公，周公奔楚。成王發府，見周公禱書，乃泣，反周公。

這個故事中的流言、周公出奔、類似金縢的道具等等，簡直就是〈金縢〉故事的翻版。司馬遷既然在第一個故事中將〈金縢〉完整地敍述了一遍，為什麼還要寫下第二個故事呢？這大概由於司馬遷想要保留住漢代今、古文經的兩種説法，因此要在敍事上重作一翻編排。不過〈金縢〉的今古文爭議，漢人著述只有《論衡》保留了一些線索：

> 〈金縢〉曰：「秋大熟未穫，天大雷電以風，禾盡偃，大木斯拔，邦人大恐。」當此之時，周公死。儒者說之，以為成王狐疑於周公。欲以天子禮葬公，公、人臣也；欲以人臣禮葬公，公有王功。狐疑於葬周公之間，天大雷雨，動怒示變，以彰聖功。古文家以武王崩，周公居攝，管、蔡流言，王意狐疑周公，周公奔楚，故天雷雨，以悟成王。夫一雷一雨之變，或以為葬疑，或以為信讒，二家未可審。且訂葬疑之說。[53]

今文家和古文家分別主張「葬疑說」和「信讒說」，王充雖然認為兩家「未可審」，但仍採取了今文家的說法。反觀司馬遷在處理〈金縢〉故事時，因為要保留兩家的說法，《史記》〈魯周公世家〉同一篇中也就出現了兩個相似卻又獨立的「〈金縢〉故事」。兩個故事都包含災異的情節，而第一個故事屬於古文

53 《論衡校釋》，卷 18〈感類篇〉，頁 787－789。

「信讒説」，第二個故事則屬今文「葬疑説」。另一方面，《史記》在敍事結構上用了插敍手法，將兩個故事雜糅在一起敍述。第二個故事開頭所用的「初」字，即是插敍的典型手法。

顧頡剛在討論古史問題時，曾用「整齊故事」來説明兩漢儒生和經師整理材料的基本方法，這是非常深刻的見解。司馬遷因為要調和異説雜語，卻無法作出嚴謹的辨偽取捨，只能「説這個那個一齊對，把那些雜異之處想法安插的得當。」[54] 從《史記》對〈金縢〉故事的今、古文説的調和和重新編排，便可見一斑。

54 顧頡剛：〈戰國秦漢間人的造偽與辨偽．司馬遷與鄭玄的整齊故事〉，《古史辨自序》，頁 163。

李中梓《內經知要》及其當代影響

高珊珊

一、引言

明代江南醫家李中梓所著的《黃帝內經》類分摘要著作《內經知要》，是清代至民國期間江南地區盛行的醫學入門讀本。自新中國中醫基礎學教科書出版以來，《內經知要》逐漸淡出中醫教育界的使用和關注。雖然學界對於李中梓及其學派，[1] 以及當代中醫

* 高珊珊於 2024 年獲香港城市大學中文及歷史學系哲學博士學位。本文改寫自高珊珊：〈新中國中醫基礎學教科書建構研究：以《內經知要》為中心〉，《饒宗頤國學院院刊》，第 10 期（2023），頁 397－455。

1 呂思勉：《醫籍知津》，收入《呂思勉全集》第 16 冊（上海：上海古籍出版社，2016），頁 1－61；楊奕望：〈明清之際江南醫家的學術交往 —— 以華亭名醫李中梓為中心〉，收入復旦大學歷史系編：《變化中的明清江南社會與文化》（上海：復旦大學出版社，2016）；王蓓蓓編著：《中醫歷代名家學術研究叢書：李中梓》（北京：中國中醫藥出版社，2017）；楊奕望：《明清江南儒醫的守正與通變》（上海：上海書店出版社，2021）。

學教科書編修[2]等內容已有豐富研究成果，但仍鮮為人知的是，《內經知要》對當代中醫基礎學教科書的編寫體例產生了重要影響。本文首先探討清代及民國江南醫家對李中梓《內經知要》的推崇，《內經知要》因此成為新中國「西醫學習中醫」第一門課目的入門書，繼而聚焦以《內經知要》為編寫體例的新中國中醫基礎學教科書的編訂和演變過程。

二、江南醫家對李中梓《內經知要》的推崇

江南地區是明清、民國時期的商業、文化與圖書

2　李劍：〈《中醫學概論》的編修與傳佈〉，《中華醫史雜誌》，2020 年 01 期，頁 21－27；張建斌：〈當代早期《針灸學》教材與學科框架解構：以澄江針灸學派為例〉，《中國針灸》，第 41 卷第 9 期（2021），頁 961－964；李劍：〈第一、二版中醫學院試用教材編修始末〉，《中華醫史雜誌》，2021 年 06 期，頁 339－347。

出版中心。[3] 儒醫[4] 家傳、師徒傳承系統在江南地區依靠社會—政治網絡與對專業知識的壟斷，維持了世代相傳的優勢地位，並因此促進了儒醫教育模式的成

3 Benjamin A. Elman, *From Philosophy to Philology: Intellectual and Social Aspects of Change in Late Imperial China* (Cambridge and London: Harvard University Press, 1990), p. 8. 李家駒：《商務印書館與近代知識文化的傳播》（香港：中文大學出版社，2007），頁 16－18；楊念群：《何處是「江南」？：清朝正統觀的確立與士林精神世界的變異》（北京：生活．讀書．新知三聯書店，2017）。

4 據范家偉考證，「儒醫」一詞始見於宋徽宗一朝，意為儒者習醫或「通經之士，兼領醫術」。見范家偉：《北宋校正醫書局新探：以國家與醫學為中心》（香港：中華書局，2014），頁 290、295－296。儒醫相關研究可參 Joseph Needham, "China and the Origin of Qualifying Examinations in Medicine," in *Clerks and Craftsmen in China and the West* (Cambridge: Cambridge University Press, 1970), 379-395. Paul Unschuld, *Medical Ethics in Imperial China* (Berkeley: University of California Press, 1979). Robert Hymes, "Not Quite Gentlemen? Dortors in Sung and Yuan," *Chinese Science* 8 (1987): 9－76. 陳元朋：《兩宋的「尚醫士人」與「儒醫」：兼論其在金元的流變》（台北：臺灣大學出版委員會，1997）；祝平一：〈宋、明之際的醫史與儒醫〉，《中研院歷史語言研究所集刊》，第 77 本第 3 分（2006），頁 401－449；Nathan Sivin, "Classical Medicine," in *Health Care in Eleventh-Century China* (Cham, Heidelberg, New York, Dordrecht and London: Springer, 2015), 53-91. 王進、吳承艷：〈儒士與醫者的共融文脈析論〉，《中華中醫藥雜志》，第 36 卷第 10 期（2021），頁 6045－6047。

熟及醫學入門讀本的流行。[5]《內經知要》即是清代及民國時期江南地區流行的習醫入門讀本之一。該書作者李中梓，生於明萬曆十六年（1588），卒於清順治十二年（1655），字士材，號念莪，別號盡凡居士，江蘇雲間（又名華亭、松江）南匯（今上海市浦東新區惠南鎮）人。[6] 他出身官宦世家，世代居於南匯所城，習舉業，有文名，[7] 曾「七應鄉舉，兩中副車」，[8] 因仕途失意及多病，轉而自學中醫，[9] 曾自訴生平「早歲攻儒」、「壯年學道」、「晚歲參禪」，[10] 撰有《內經

5 梁其姿：《面對疾病：傳統中國社會的醫療觀念與組織》（北京：中國人民大學出版社，2012），頁16－47。

6 黃之雋等編纂，趙弘恩等監修：《江南通志》，《景印文淵閣四庫全書》第511冊（台北：臺灣商務印書館，1986），頁871下；王蓓蓓編著：《中醫歷代名家學術研究叢書：李中梓》，頁2。

7 孫星衍、莫晉纂：《嘉慶松江府志（二）》，《中國地方志集成：上海府縣志輯》（上海：上海書店出版社，2010），頁447上。

8 金福曾、顧思賢等修，張文虎總纂：《光緒南匯縣志》，《中國地方志集成：上海府縣志輯》（上海：上海書店出版社，2010），頁774上。

9 王蓓蓓編著：《中醫歷代名家學術研究叢書：李中梓》，頁3－6。

10 李士材撰，沈頲校：〈三奇論〉，載《刪補頤生微論》，明崇禎十五年（1642）刻本。

知要》等 20 餘部著作，[11] 現存 9 種。[12] 李中梓是典型的「儒醫」，在解釋《黃帝內經》時，不僅以中醫經典解釋，更以儒、道、佛經解說。據季杰統計，在《內經知要》中，李中梓引用了《尚書》、《逸周書・大聚篇》、《文始經》、《胎息經》、《荀子》、《管子》、《中和集》等大量非醫學著作來解釋《內經》內容。[13] 李中梓《醫宗必讀》卷首〈讀《內經》論〉說「志為司命者，精深儒典，洞徹玄宗，通於性命之故，達於文章之微……究極義理，以為開導，隔垣之視，不

11 黃之雋等編纂，趙弘恩等監修：《江南通志》，頁 620；孫星衍、莫晉纂：《嘉慶松江府志（二）》，頁 662 下；清・俞樾、方宗誠總纂：《同治上海縣志》三十三卷，中國國家數字圖書館藏清同治十年（1871）刻本，卷二十七，頁十；金福曾、顧思賢等修，張文虎總纂：《光緒南匯縣志》，頁 752 上整理。

12 現存《內經知要》、《傷寒括要》、《診家正眼》、《 補雷公炮製藥性解》、《本草通玄》、《病機沙篆》、《李中梓醫案》、《刪補頤生微論》、《醫宗必讀》9 種。據薛清录主編：《中國中醫古籍總目》（上海：上海辭書出版社，2007），頁 7、86、134、139、207－209、407、410、511、539、771、796、837、892、921；李天綱主編：《李中梓集・李中立集・李延昰集》（上海：復旦大學出版社，2020）整理。

13 季杰：〈淺析《內經知要》注經特點〉，《醫古文知識》，2004 年第 1 期，頁 47－48。

足云也」，[14] 表明其以儒典、玄宗理解《內經》的儒醫治學特點。

《內經知要》於明崇禎十五年（1642）以《李士材醫書二種》合刊形式刊刻，[15] 是一本類分、摘要解釋《素問》和《靈樞》的《黃帝內經》入門書。[16] 由於宋代以來儒者與儒醫對《黃帝內經》的推崇，且由於其書傳本系統複雜，文辭古奧難懂，後世出現了類分研究《黃帝內經》的著作。除現存最早的唐人楊上善的《黃帝內經太素》外，[17] 主要有元人滑壽的《讀

14 雲間李士材輯，聚瀛堂詳校：《醫宗必讀》，明刊本，清嘉慶六年辛酉（1801）重鐫，昌平坂學問所舊藏。

15 包來發主編：《李中梓醫學全書》（北京：中國中醫藥出版社，1999），〈校注說明〉，頁1。

16 遵學界共識，本文合稱《素問》、《靈樞》為《黃帝內經》，簡稱《內經》。現存有關《黃帝內經》一書的記載，最早出自《漢書．藝文志．方技略》。《黃帝內經》原書早已失傳，傳本有《素問》、《鍼經》、《明堂》、《太素》、《九靈》、《靈樞》6種，現存《素問》、《明堂》、《太素》和《靈樞》4種。其中，《明堂》和《太素》內容殘缺不全，流傳不廣。《素問》和《靈樞》，是被宋代儒臣校正、《四庫全書》收錄、流傳最廣的版本。

17 楊上善：《影印杏雨書屋本、仁和寺本黃帝內經太素》，《東洋醫學善本叢書》第35－40冊（大阪：オリエント出版社，1994）。

素問鈔》，[18] 明人張介賓的《類經》、[19] 李中梓的《內經知要》、清人汪昂的《素問靈樞類纂約注》、[20] 沈又彭的《醫經讀》、[21] 黃元御的《素問懸解》和《靈樞懸解》6 種。[22] 開《黃帝內經》類分研究先河的，是《讀素問鈔》，將《素問》分為 12 類，基本以《黃帝內經太素》分類法為藍本，然而，其書僅就《素問》進行分類，不涉及《靈樞》，因而不是整部《黃帝內經》。《類經》分類法以《讀素問鈔》為藍本，將《素問》、《靈樞》的完整內容分為 12 類，雖然全面，但內容太繁，初學者難以掌握。《素問靈樞類纂約注》以《素問》為主、《靈樞》為輔，分為 9 類，其《素問》與

18 滑壽編輯，汪機續注，王緒鰲、毛雪靜點校：《讀素問鈔》（北京：人民衛生出版社，1998）。

19 張介賓編著，郭洪耀、吳少禎校注：《類經》（北京：中國中醫藥出版社，1997）。

20 汪昂著，王春艷等校注：《素問靈樞類纂約注》（北京：中國中醫藥出版社，2016）。

21 沈又彭：《醫經讀》，《歷代中醫珍本集成》（上海：上海三聯書店，1990）。

22 《素問懸解》，收入黃元御撰，孫洽熙主校：《黃元御醫學全書》（北京：中國中醫藥出版社，1996），頁 1－228；《靈樞懸解》，收入《黃元御醫學全書》，頁 229－335。

《靈樞》同者，皆用《素問》，不用《靈樞》。《內經知要》所選《素》、《靈》內容基本平衡，分為8類。以上4種類分研究著作，基本屬於同一分類體系，即源自《黃帝內經太素》的分類法，而又以《內經知要》分類法為最簡明。此外，《醫經讀》與上述4種著作分類體系不同，僅分為「平」、「病」、「診」、「治」四類;《素問懸解》、《靈樞懸解》兩書，對《素》、《靈》各篇原文內容完全不動，只是將其篇次重新調整和類分。以上2種著作的分類法為沈又彭與黃元御獨創及獨用。[23] 因此，與其他類分研究著作相比，李中梓《內經知要》內容全面、相對均衡，僅得兩卷，「至簡至要」，[24] 是廣為流傳的《黃帝內經》類分研究著作。

《內經知要》全書分為「道生」、「陰陽」、「色診」、「脈診」、「藏象」、「經絡」、「治則」、「病能」八部分，各版本均同。各部分分別摘取來自《黃帝內經》不同章節的語句，後附以簡要解釋。其書「陰

23 任應秋：《《內經》十講》（北京：北京中醫學院印，1978），頁26－37。

24 薛雪：〈序〉，見李念莪原輯，錢榮光注釋：《內經知要講義》，頁1－2。

陽」部分配以「六十四卦方圓二圖」、「色診」部分配以「靈樞臟腑肢節應于面之圖」二張插圖（圖1－2）。在明末清初戰火中，李中梓的著作大多離散，《內經知要》的原刻板也因此亡佚。清乾隆二十九年（1764），薛雪（1681－1770）因其書「尤覺近人，以其僅得上下兩卷，至簡至要，方便時師之不及用功於雞聲燈影者，亦可以稍有準則於胸中也」，[25] 為此書作序、校正，重新刻版刊印。[26] 經薛雪校正重刊之後，該書流傳漸廣，傳本眾多。現存1949年前問世的《內經知要》傳本約有29種，[27] 大多為兩卷本，其中明代木刻本2種、抄本1種，[28] 清代木刻本14種、

25 同上註。

26 包來發主編：《李中梓醫學全書》，〈校注說明〉，頁1。

27 見薛清录主編：《中國中醫古籍總目》，頁8；包來發主編：《李中梓醫學全書》，〈校注說明〉，頁1；李中梓著，王體注解：《內經知要》（北京：中國醫藥科技出版社，2011年），〈校註說明〉，無頁碼。

28 江戶醫學館舊藏明寫本，明醫學館舊藏明刊本，紅葉山文庫藏明崇禎十六年（1643）刊本。

抄本2種，[29]民國時期木刻本1種、石印本6種、鉛印本2種；[30]以及十卷本1種。[31]在這29種版本中，17種均出於江南地區，其中9種出自上海。

李中梓與《內經知要》的後世聲名，多因江南醫家的推崇而起，亦受江南地區發達的私人書坊、出版、印刷業推動。其中，對李中梓著作出版出力最大的，是新安地區的徽商。[32]徽州新安儒醫吳肇廣、吳

---

29 清乾隆二十九年（1764）薛雪校掃葉莊藏版刊本、掃葉山房刻本、清道光五年（1825）太邑趙道南校刻本存心堂藏板、清金閶傳萬堂刻本、清光緒九年（1883）常熟抱芳閣刊本、上海江左書林刊本、崇德堂刻本、上洋紫文閣刻本、清光緒十一年（1885）蘇州綠慎堂王氏刻本、清光緒十六年（1890）雲陽周氏醫室藏版重刊本、常郡文興堂刻本、常郡振玉山房刻本、清光緒二十六年（1900）刻本、清咸豐十年（1860）抄本，以及具體出版信息不詳的清刻本一種、清抄本一種。

30 1921年江陰寶文堂刻本；1913、1922、1925年上海普新書局石印本，1922年上海大成書局石印本，1928、1933、1934年上海廣益書局石印本，上海文瑞樓石印本，上海鴻章書局石印本，上海千頃堂書局石印本；1937年上海世界書局鉛印本，1933、1935、1937、1939年上海商務印書館鉛印武進謝觀重訂本。

31 一說兩種。分別為日本寬文二年（1662）武村市兵衛刻本及正德五年（1715）刻本。

32 馮麗梅：〈吳中與新安醫家的社會交往與互動〉，《中醫文獻雜志》，2009年第5期，頁51－53；王鑫等：〈士材學派與新安醫學交匯交融〉，《中醫藥臨床雜誌》，第29卷第8期（2017），頁1246－1247；萬書言、周亞東：〈論徽商對新安醫學的影響〉，《中醫藥導報》，第28卷第12期（2022），頁195－197。

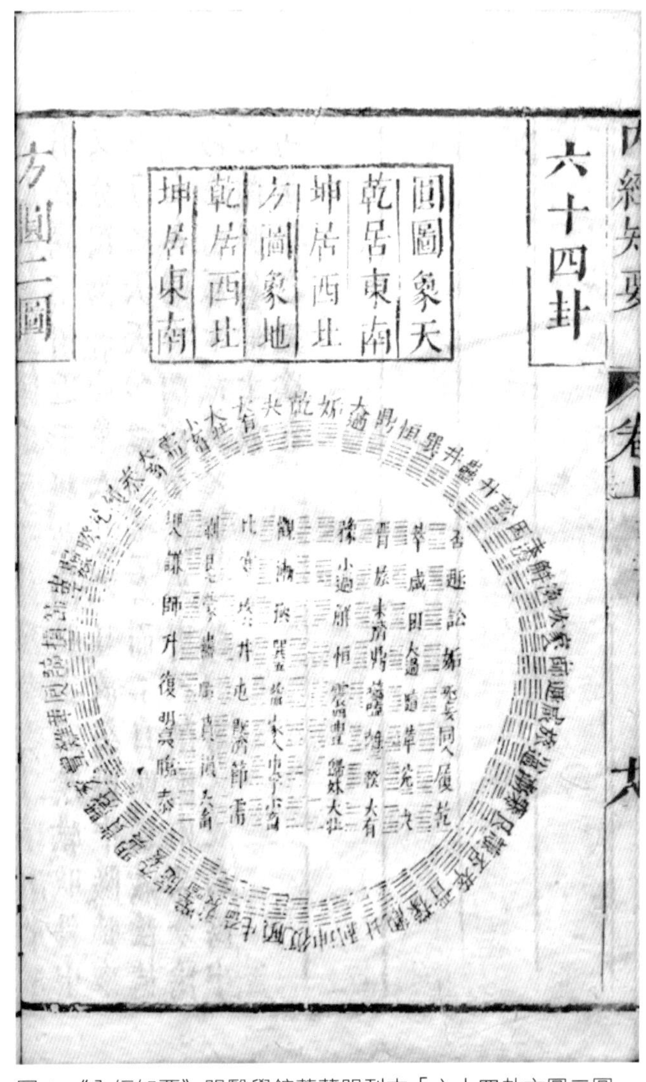

圖 1 《內經知要》明醫學館舊藏明刊本「六十四卦方圓二圖」

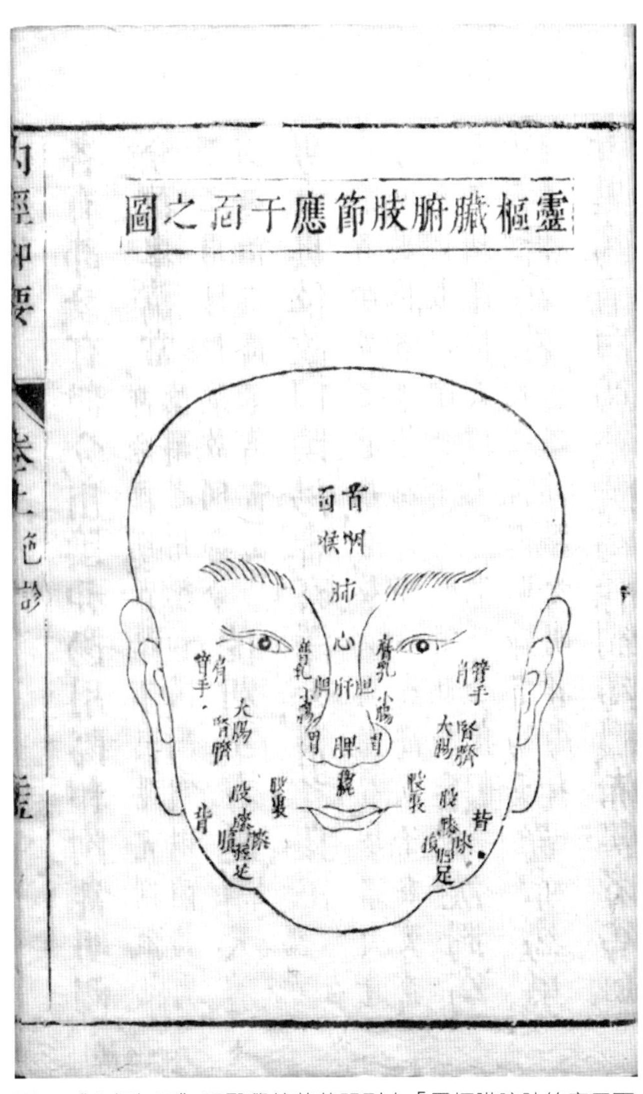

圖 2 《內經知要》明醫學館舊藏明刊本「靈樞臟腑肢節應于面之圖」

肇陵兄弟作序並捐資刻版發行了李中梓《醫宗必讀》一書。[33]新安儒醫吳楚，以李中梓醫學思想為宗，仿效《內經知要》結構撰《寶命真詮》，收錄了大量李中梓著作內容。[34]李中梓之兄李中立、侄李延昰亦是著名醫家；延昰以李中梓著作為藍本，撰有《脈訣彙辨》一書。[35]李中梓成年後的社會活動，集中於當時的江南地區政治、經濟與文化中心蘇州。[36]蘇州醫者薛雪與李中梓再傳弟子葉天士（1667－1746）是學術上長期的對手，但薛雪認同李中梓《內經知要》一書的學術價值，薛雪的作序與重刻促進了該書的流通。李中梓弟子眾多，多來自南匯周邊地區。[37]李中梓的門人尤乘、蔣示吉與吳又可（1592－1672）交好，

---

33 吳肇廣：〈序二〉，見李中梓著，顧宏平校注，包來發審閱：《醫宗必讀》（北京：中國中醫藥出版社，1997），頁 1；王鑫等：〈士材學派與新安醫學交匯交融〉，頁 1246－1247。

34 王瑞：《新安澄塘吳氏醫家傳承及吳楚學術與臨證特色研究》（合肥：安徽中醫藥大學中醫學專業博士論文，2020），頁 54－58。

35 見李天綱主編：《李中梓集．李中立集．李延昰集》，頁 2219－2469。

36 馮麗梅：〈吳中與新安醫家的社會交往與互動〉，頁 53。

37 楊奕望：〈明清之際江南醫家的學術交往 —— 以華亭名醫李中梓為中心〉，頁 233。

曾協助吳又可校訂《瘟疫論》；李中梓弟子馬元儀的門人葉天士、尤在涇（？－1749），均為清代著名醫者。以上這些儒醫門派以及家族，通過家傳、師承以及聯姻等方式，在江南地區逐漸形成了相互交織的醫者人際網絡。

距離上海南匯100公里的江蘇常州武進孟河鎮，是長江沿岸的重要碼頭，交通便利，與上海、蘇州等地經濟文化交往密切。孟河鎮的醫生亦受到李中梓著作及學術的影響。[38] 孟河名醫馬培之弟子、女婿丁甘仁（1866－1926），在從孟河遷至蘇州、蘇州再遷至上海之後，拜徽州新安儒醫汪蓮石（1848－1935）為師；汪蓮石對丁甘仁的影響很大，並且擴大了他的交際圈，使他得以在上海打開局面。[39] 1916年，丁甘仁

38 有關孟河醫派研究，可參 Volker Scheid, *Currents of Tradition in Chinese Medicine, 1626-2006* (Seattle: Eastland Press, 2007)；李夏亭主編：《孟河醫派三百年 —— 孟河醫派研究薈萃》（北京：學苑出版社，2010）；李夏亭編著：《孟河醫派三十八家：臨床特色及驗案評析》（北京：中國中醫藥出版社，2017）；顧敬平：《孟河醫派中醫教育思想研究》（成都：成都中醫藥大學醫史文獻專業博士論文，2020）。

39 Volker Scheid, *Currents of Tradition in Chinese Medicine, 1626-2006*, 214.

與其武進同鄉謝觀（1880－1950）等共同創辦了上海中醫專門學校，該校畢業生秦伯未（1901－1970）建國初期即被聘為中央衛生部中醫顧問，[40] 參與了由上海嘉定人、衛生部中醫司司長呂炳奎（1914－2003）直接領導的中醫政策制定。此外，南京中醫學院的領導亦多由孟河醫派傳人擔任，如馬培之玄孫馬澤人，丁仲英弟子鄒雲翔、許濟群、干祖望等。[41] 國家中醫藥管理局等政府機構在 2009 年評選出首屆 30 位「國醫大師」，孟河醫派傳人佔 10 人之多。[42]

太平天國後，上海取代蘇州、常州等江南城市，成為全國的圖書收藏出版中心。[43] 光緒二十三年

---

40 《名醫搖籃》編審委員會：《名醫搖籃 —— 上海中醫學院（上海中醫專門學校）校史》（上海：上海中醫藥大學出版社，1998），頁 14。吳大真等：〈秦伯未〉，《光明中醫》，第 25 卷第 01 期（2010），頁 166－171。

41 Volker Scheid, *Currents of Tradition in Chinese Medicine, 1626-2006*, 362.

42 10 人分別為：朱良春、張鏡人、周仲英、徐景藩、程莘農、裘沛然、顏正華、顏德馨、王玉川、陸廣莘。詳見國家中醫藥管理局網站：http://www.natcm.gov.cn/renjiaosi/gongzuodongtai/2018-03-24/1761.html。

43 Benjamin A. Elman, *From Philosophy to Philology: Intellectual and Social Aspects of Change in Late Imperial China*, 248-249.

（1897），商務印書館由四位江浙人士創立於上海，致力於發行教科書與教育出版，逐步成為知識分子匯集的地方。[44] 1908 年前後，商務印書館的常州籍編輯很多，[45] 其中常州武進人謝觀和呂思勉（1884－1957），對李中梓及《內經知要》的推廣起了重要作用。謝觀出身於儒學世家，其伯父和祖父都是孟河學派儒醫，[46] 謝觀亦曾隨孟河名醫馬培之學醫。[47] 謝觀於 1908－1911、1914－1921 年間任商務印書館編輯，負責編寫地理、醫學類圖書，任職期間主持編寫《中國醫學大辭典》。1911－1913 年間，武進縣邀請謝觀回

---

44 李家駒：《商務印書館與近代知識文化的傳播》，頁 15；商務印書館：《商務印書館大事記》（上海：商務印書館，1987），「1897 年」頁面。

45 包括時任主編陸爾奎，蔣維喬、莊俞、孟森、惲鐵樵、謝觀等。黃建民：〈「陽湖耆宿」與商務印書館〉，收入《商務印書館一百年 1897－1997》（北京：商務印書館，1998），頁 61－69；張如青、毛夢飛：〈「滿院杏花誰做主」── 紀念謝利恒先生誕辰 130 周年暨逝世 60 周年〉，《中醫藥文化》，2010 年第 5 期，頁 21－26。

46 《名醫搖籃》，頁 18。

47 佚名：〈謝觀生平業績及其學術思想〉，見謝觀著，余永燕點校，王致譜審訂：《中國醫學源流論》（福州：福建科學技術出版社，2004），頁 2。

故里主持教育事務，任學務課課長，在武進聲望日隆。[48] 1916 年，謝觀與丁甘仁等共同創辦上海中醫專門學校，並任該校首任校長。該校畢業生秦伯未、張讚臣、虞舜臣、尤學周、姚若琴、張蘭庵等，均受學於謝觀。[49] 1919 年起，經謝觀介紹，呂思勉開始在商務印書館任編輯，協助謝觀編輯《中國醫學大辭典》，期間呂思勉撰《醫籍知津》，[50] 首次將李中梓及其傳人列為「學派」。[51] 1925 年，謝觀另創辦神州

48 武進縣教育志編纂領導小組：《武進縣教育志》（出版信息不詳），頁 8；佚名：〈謝觀生平業績及其學術思想〉，頁 2。

49 《名醫搖籃，頁 19。秦伯未於 1919－1923 年在上海中醫專門學校學習，其間得到丁甘仁、謝觀等人的指導。由於丁甘仁於 1926 年即去世，1926－1950 年間秦伯未與謝觀交好、並同在上海，民國時期的秦伯未多次自稱為謝觀門人；1950 年後的材料中，多見秦伯未自稱為丁甘仁門人。參見陳存仁：《銀元時代生活史》（上海：上海人民出版社，2000），頁 337 及 348；孟慶雲：〈謝利恆與經社八才子〉，《家庭中醫藥》，2005 年第 10 期，頁 6－7。

50 李永圻編：《呂思勉先生編年事輯》（上海：上海書店，1992），頁 66；王珂：〈必也正名乎 —— 呂思勉《醫籍知津》與謝觀《中國醫學源流論》關係辨證〉，《華東師範大學學報（哲學社會科學版）》，2019 年第 1 期，頁 57－64。

51 呂思勉：《醫籍知津》，頁 24－25。

中醫大學，後更名上海中醫大學，仍任校長一職，[52]因此在上海、武進的中醫圈子有一定影響力。[53]謝觀還於1925年在上海成立神州醫學總會；1929年成立上海中醫協會，同年又參與組織「全國醫藥團體聯合會」，至南京反對由余雲岫（1879－1954）提出、國民政府中央衛生委員會通過的「廢止中醫案」，從而成為全國的「中醫領袖」，[54]是影響民國時期中醫政策與學術的重要人物。[55]

1933年，謝觀在商務印書館重訂出版了李中

52 《名醫搖籃》，頁19。

53 Volker Scheid, *Currents of Tradition in Chinese Medicine, 1626-2006*, 379-380.

54 此段史實，參見陳存仁：《銀元時代生活史》，頁111－140；Ralph Croizier, *Traditional Medicine in Modern China: Science, Nationalism, and the Tensions of Cultural Change* (Cambridge: Harvard University Press, 1968). Ka-che Yip, *Health and National Reconstruction in Nationalist China: The Development of Modern Health Services, 1928-1937* (Ann Arbor: Association for Asian Studies, 1995). Bridie Andrews, "The Republic of China," in *Chinese Medicine and Healing: An Illustrated History*, eds. TJ Hinrichs and Linda L. Barnes (Cambridge: The Belknap Press of Harvard University Press, 2013), 225-227.

55 佚名：〈謝觀生平業績及其學術思想〉，頁2－7。

梓《內經知要》，並於 1935－1937 年間再版三次。[56] 統計商務印書館自創立至 1949 年出版過的醫學書籍可知，1897－1949 年間，共出版西醫書籍 359 部，中醫書籍僅 22 部，當中含兩部《黃帝內經》類分研究著作：汪昂《素問靈樞類纂約注》和李中梓《內經知要》。[57] 1935 年，由原著者呂思勉及謝觀門人秦伯未分別作序、謝觀修訂後的《醫籍知津》，作為「謝利恆先生全書」的一種，更名為《中國醫學源流論》出版。這本署名為謝觀所著的書，將「李士材學派」單列一節，稱其「平正不頗」。[58] 由於謝觀對李中梓的推崇，以及商務印書館對《內經知要》的四次重印，李中梓《內經知要》一書流傳更廣，成為民國時期江南

56 一版：明松江李念莪先生輯註，清吳縣薛雪生白補註，武進謝觀利恆重訂：《內經知要》（上海：商務印書館，1933.8）。二版：明松江李念莪先生輯註，清吳縣薛雪生白補註，武進謝觀利恆重訂：《內經知要》（上海：商務印書館，1935.3）。三版未得見。四版：明松江李念莪先生輯註，清吳縣薛雪生白補註，武進謝觀利恆重訂：《內經知要》（上海：商務印書館，1937.6）。

57 商務印書館：《商務印書館圖書目錄（1897－1949）》（北京：商務印書館，1981），頁 155－162。

58 武進謝利恆：《中國醫學源流論》（上海：澄齋醫社，1935），頁 19。

地區通行的《黃帝內經》入門書。

三、《內經知要》成為「西醫學習中醫」第一門課目入門書

自 1885 年師承孟河醫派的陳虬（1851－1904）在浙江省瑞安縣主辦「利濟醫學堂」起，中醫亦開始在現代西方學校教育制度下，藉助教科書進行教學。[59] 民國時期中醫教科書的出版發行，集中在當時的工商業與文化出版業中心——上海和南京。1948 年 12 月進駐北平前夕，中共中央發佈了對新佔領區出版事業的政策，除沒收、查禁國民黨出版機構及出版物外，民營出版機構仍准繼續營業，書籍暫任銷售，但黨義公民、歷史政治等教科書須停售或修改，而普通的「舊書」如儒經等不在查禁之列。[60] 1949 年 2 月，中宣

59 朱德明等：〈中醫教育近現代化先驅——利濟醫學堂〉，《中國中醫藥現代遠程教育》，第 17 卷第 21 期（2019），頁 28－30。

60 〈中共中央對新區出版事業的政策的暫行規定（1948 年 12 月 29 日）〉、〈中共中央華北局宣傳部關於當前出版工作幾個問題的決定（1949 年 1 月 7 日）〉，收入中國出版科學研究所、中央檔案館編：《中華人民共和國出版史料（1949 年）》（北京：中國書籍出版社，1995），頁 1 及 5。

部出版委員會在北平成立，陸定一（1906－1996）指出，新華書店等國營出版機構「是階級鬥爭的武器之一，是我黨實行思想領導的一個有力工具，是黨委宣傳部的一個重要業務部門」，並且「與現代的紙張和印刷的大生產技術相結合，與全國規模的發行網相結合，是一個效力宏大的宣傳教育工具」。[61] 1949 年 3 月，陸定一向周恩來匯報了出版方針:「對於教科書，黨內教材⋯⋯毛主席主要著作，時事及政策書籍，充分供給。對於除此以外的書籍雜志，作有限度的供給，種數多而份數少」。[62] 在 1949 年 4 月開始的渡江戰役中，中宣部出版委員會派出出版工作隊隨軍南下接管南京、上海的出版業。[63] 接管後的當務之急，就是廢止商務印書館等私營出版社發行的教科書，由於來

61 陸定一：〈關於出版發行工作的報告（1949 年 2 月 1 日）〉，收入中共中央宣傳部辦公廳、中央檔案館編研部編：《中國共產黨宣傳工作文獻選編（1937－1949）》（北京：學習出版社，1996），頁 786。

62 〈陸定一關於出版局工作方針等問題致周恩來的請示信及周恩來的批示（1949 年 3 月 17 日）〉，收入《中華人民共和國出版史料（1949 年）》，頁 37。

63 趙曉恩：《六十年出版風雲散記》（北京：中國書籍出版社，1994），頁 118。

不及新編，暫時採用了山東解放區出版的課本，由國營出版社統一印刷發行，以供即將開學的秋季學期之用。[64]

在新中國成立之初（1949－1954），國家的醫學政策為「中醫學習西醫」，各地因此紛紛開設「中醫進修學校」。衛生部規定，中醫進修學校的課程內容「以講授預防醫學、基礎醫學、臨床醫學、社會科學為原則」。[65]「中醫學習西醫」所使用的教科書，多由東北人民政府衛生部、中國醫科大學及北京中醫進修學校編輯出版。在 1954 年 6 月 5 日毛澤東首次提出醫學政策由「中醫學習西醫」掉轉為「西醫學習中醫」，[66] 1954 年 11 月 23 日中共中央批轉文委黨組關於

64 同上註，頁 123。

65 〈衛生部關於組織中醫進修學校及進修班的規定（1951 年 12 月 27 日）〉，收入《中醫工作文件彙編（1949－1983 年）（內部發行）》（北京：中華人民共和國衛生部中醫司，1985），頁 24。

66 新中國「團結中西醫」的衛生工作原則，在 1949 年 10 月至 1954 年 6 月間，以「中醫學習西醫」、「中醫科學化」的方式進行；1954 年 6 月之後，由於中醫界的普遍不滿以及的觀念轉變，以「西醫學習中醫」的方式進行。毛澤東的觀念轉變詳見中共中央文獻研究室編：《毛澤東年譜（1949－1976）》（北京：中央文獻出版社，2013），第 2 卷，頁 245。

「大力號召和組織西醫學習中醫」的報告[67]之後，「西學中」運動在全國範圍內興起。運動面臨的第一個問題，就是可供學習的教材嚴重不足。要解決這個問題便需要出版更多中醫中藥書籍。1954年10月23日，《人民日報》發表了人民衛生出版社決定選擇出版一批中醫中藥書籍的通知：

> 為發揚祖國醫學成就，更好地為增進人民健康服務，人民衛生出版社正在有計劃地積極地整理、編輯、出版各種中醫中藥書籍。該社經同各有關方面，特別是同中醫界人士進行了反復的商討研究後，首先決定出版一批中醫學的基礎書籍。……為了縮短出版時間，及早供應社會需要，人民衛生出版社和商務印書館約定，繼續由商務印書館選印出版該館以前出版過的中醫中藥書籍。……為了解決某些人因受

67 〈中共中央批轉中央文委黨組關於改進中醫工作問題的報告（1954年11月23日）〉，收入《中醫工作文件彙編（1949－1983年）（內部發行）》，頁43。

> 時間所限而不能閱讀卷帙浩繁的《內經素問》和《本草綱目》等書，又配合出版《內經知要》和《本草備要》等內容簡要的書籍。[68]

20世紀50年代初，由於剛剛經歷了多年戰亂，出版業極度蕭條，除了印刷設備、排字工人不足外，紙張也依賴進口。[69]然而在1949年10月，上海市內有書店和出版社二百餘家，雜誌三百餘種，「教科書同業的力量佔80%」。[70]由於上海出版業有能力在短時間內大量印刷出版供群眾性「西學中」運動使用的中醫書籍；且由於鼎革之際，舊的教科書不准印刷，以教

68 〈人民衛生出版社出版各種中醫中藥書籍〉，《人民日報》，1954年10月23日，3版。

69 胡愈之：〈全國出版事業概況（1949年10月4日）〉，收入《中華人民共和國出版史料（1949年）》，頁264；黎漢基：〈重點發行與強迫攤派——中共建國初期出版政策研究〉，《中研院近代史研究所集刊》，第40期（2003），頁144－151。

70 徐伯昕：〈國統區革命出版工作報告（1949年10月6日）〉，收入《中華人民共和國出版史料（1949年）》，頁313。

科書為主業的上海私人出版界已經無業可營；[71] 政府決定在商務印書館以前出版過的「舊書」（非民國出版物）中選擇書籍，並由商務印書館印刷出版。在1954 年人民衛生出版社應急翻印出版的這一批中醫書籍中，唯一入選的一本《黃帝內經》入門讀本，就是 1933 年由謝觀重訂、商務印書館鉛印出版的李中梓《內經知要》。

「西學中」教材的選定，是由衛生部、衛生部所屬北京中醫進修學校及其併入改組後的中醫研究院負責的。1954 年 11 月，「西學中」運動在全國範圍內興起。[72] 同月，江蘇省開始籌建中醫進修學校，[73] 衛生部開始以原北京中醫進修學校、衛生部針灸療法實驗

71 〈中共中央宣傳部出版委員會邀請北京市同業茶會記錄（摘要）（1949 年 10 月 7 日）〉，收入《中華人民共和國出版史料（1949年）》，頁 463。

72 〈中共中央批轉中央文委黨組關於改進中醫工作問題的報告（1954 年 11 月 23 日）〉，收入《中醫工作文件彙編（1949－1983 年）（內部發行）》，頁 43；陳靜波主編：《重慶中醫學校校誌》（重慶：重慶中醫學校，1991），頁 16。

73 南京中醫學院編著：《祖國醫學史講義》（南京：南京中醫學院，1959），頁 92；殷瑞康主編：《南京中醫藥大學大事記》（南京：南京師範大學出版社，2000），頁 2。

所、華北中醫實驗所、華北醫院籌備處和中央衛生研究院中國醫藥研究所五個單位為基礎，籌備組建中醫研究院。[74] 中醫研究院直屬機構中特設「編審室」組織編寫中醫教材，並負責學術行政工作，由「中學西」時期中醫進修學校教務長于道濟（1895－1976）任編審室主任，副主任為江蘇阜寧人、曾長期在上海業醫的余無言（1900－1963）。[75] 1955 年 8 月 24 日，時任中醫研究院院長魯之俊（1911－1999）在《人民日報》發表文章〈認真學習和研究祖國的醫學〉，稱：

> 如何學習和研究中醫，這是一個新問題。我以為大致可以從兩個方面入手。一方面是學中醫書籍。但書太多，有不少是重複或相近的。最好首先選擇幾種基本的著作進行鑽研，如《內經》、《傷寒論》、《金匱要略》、《本草綱目》等。不過這些

74　南京中醫學院編著：《祖國醫學史講義》，頁 92。

75　馬繼興口述，萬芳錄音整理：〈中醫研究院籌備前後的一些人和事〉，收入鄒乃俐、秦秋、袁君、華鐘甫編：《難忘的四十年》（北京：中醫古籍出版社，1995），頁 13。

> 書的文字不易讀懂，可以請中醫來講解。但有時講的人也很難把它通俗化，我們必須耐心地聽下去，聯繫臨床實際加以思索。也可以參閱某些有注釋的作品，特別是近幾十年來有些中醫整理過的作品。[76]

自此確定了以《內經》、《傷寒論》、《金匱要略》、《本草綱目》「四大經典」為主，「參閱某些有注釋的作品」的「西學中」學習模式。在實際教學中，四本經典著作中時間最早、文辭最為古奧難懂的《黃帝內經》未使用原書，而是使用了其入門簡易讀本——《內經知要》。[77]

關於為何選擇《內經知要》代替《黃帝內經》，

76 魯之俊：〈認真學習和研究祖國的醫學〉，《人民日報》，1955 年 8 月 24 日，3 版。

77 除以《內經知要》代替《黃帝內經》外，其他三本中醫經典，即《傷寒論》、《金匱要略》、《神農本草經》均使用原書。詳見〈江蘇開辦西醫學習中醫班 近三百名西醫師參加學習〉，《人民日報》，1956 年 10 月 5 日，7 版；〈開始打開祖國醫學的偉大寶庫：首批「中西合璧」醫生誕生〉，《人民日報》，1958 年 11 月 5 日，6 版；李劍：〈第一、二版中醫學院試用教材編修始末〉，頁 339－347。

時任衛生部中醫顧問、謝觀弟子秦伯未，可能是參與決策的重要人物。秦伯未出身於上海陳行一個醫學世家，師從謝觀、丁甘仁，尤其與謝觀親近，曾於1935年為謝觀《中國醫學源流論》作序。1937－1948年間，秦伯未與謝觀、陳存仁（1908－1990）等組織「經社」文酒會，在上海共同研討學術、吟詩賞畫11年之久。[78] 1954年，秦伯未由時任衛生部部長助理、江蘇邳縣人郭子化（1895－1975）相邀任衛生部中醫顧問，1955年正式調至衛生部工作，並於1956年起兼任北京中醫學院教務長。秦伯未以善《黃帝內經》聞名，推崇《內經》為「實驗之書之祖」，[79] 素有「秦內經」稱號，相繼出版《讀內經記》（1928）[80]、《內經類證》（1929）[81]、《內經病機十九條之研究》（1932）[82]、

78 參見：〈謝觀生平業績及其學術思想〉頁3；孟慶雲：〈謝利恆與經社八才子〉，頁6－7；陳存仁：《銀元時代生活史》，頁348－349。

79 秦伯未：〈自序〉，見《內經類證》（上海：上海中醫書局，1933），頁1。

80 秦伯未：《讀內經記》（上海：中醫書局，1928）。

81 秦伯未：《內經類證》（上海：中醫書局，1929）。

82 秦伯未：《內經病機十九條之研究》（上海：中醫書局，1932）。

《秦氏內經學》(1934－1935)[83]，對《內經》的分類研究及入門節要讀本相當熟悉，且深受上海、孟河地域醫學傳統熏陶，自然也會受到備受謝觀推崇的李中梓所影響。

筆者所搜集到新中國成立後出版的《內經知要》相關文章和書籍，以秦伯未所撰的為最早、最多。[84] 在 1956 年 9 月秦伯未首刊在《上海中醫藥雜志》的〈《內經知要》概説〉中，寫明「本文所引經文，依據 1955 年 2 月商務印書館鉛印本《內經知要》」，正是謝觀所重校的版本。秦伯未在該文強調選擇《內經知要》的合理性：「黨和政府號召西醫學習中醫，指定《內經》為必修課程之一，並選擇了《內經知要》作為第一門課目的入門書，這是完全正確的，也正是繼承祖國醫學遺產的關鍵所在。」[85] 秦伯未對《內經

83 秦伯未：《秦氏內經學（上冊）》(上海：中醫書局，1934)；秦伯未：《秦氏內經學（下冊）》(上海：中醫書局，1935)。

84 包括：〈《內經知要》淺解〉，連續登載於《中醫雜志》1956 年第 5 期至 1957 年第 1 期；〈《內經知要》概説〉，連續登載於《上海中醫藥雜志》1956 年第 9 期至第 12 期；以及秦伯未，〈怎樣學習《內經知要》〉，《新中醫藥》，1956 年第 6 期，頁 8－13。

85 秦伯未：〈《內經知要》概説〉，頁 (395)11。

知要》的講解文章，在《中醫雜誌》（北京）及《上海中醫藥雜誌》分別連載完畢之後，復由人民衛生出版社於 1957 年結集出版。[86] 1962 年，秦伯未《內經類證》作為「西學中」的補充材料出版，以與《內經知要》配合，供程度較高的「西學中」醫生學習。負責重訂出版《內經類證》的是衛生部第一屆「西學中」班畢業生、中醫研究院編審室副主任余無言之子、秦伯未之徒余瀛鰲（1933－2023）；當時他也在中醫研究院編審室工作、負責教材出版事宜。[87] 因此，時任衛生部中醫顧問秦伯未應是推動《內經知要》成為「第一門課目的入門書」的關鍵人物。

在選定教材之後，1955 年 12 月，衛生部開始組織西醫學習中醫，分為離職學習、在職學習和師資班三種學習模式。[88] 與此同時，各地「西醫學習中醫」運

86 秦伯未：《內經知要淺解》（北京：人民衛生出版社，1957）。

87 秦伯未原編，余瀛鰲重訂：《內經類證》（上海：上海科學技術出版社，1962），頁 1－2。

88 〈中央衛生部黨組關於西醫學中醫離職班情況成績和經驗給中央的報告（1958 年 9 月 25 日）〉，收入《中醫工作文件彙編（1949－1983 年）（內部發行）》，頁 115－117。

動全面展開，衛生部確定了 10% 的西醫在職學習，1% 的西醫脱職學習和號召一般西醫自動學習等三種辦法。[89] 12 月 9 日，第一個西醫在職學習中醫班在北京開課。[90] 12 月 19 日，中醫研究院舉行成立典禮暨首屆西醫離職學習中醫班開學典禮。[91] 該班的學習進程是：「開始學習中醫政策和辯證唯物主義，接着即學習中醫學的基本理論（即用現代語言編寫的《內經節要》、《傷寒論》、《金匱要略》、《本草經》等講義，說明中醫的治療規律和理論原則），主要方式是聽取中醫老師講課和學員自己複習。」[92]「由於沒有師資，沒有教學大綱，沒有集體備課制度，也沒有教材，更沒有舉辦過西醫學習中醫班的經驗，於是邊摸索邊教

89 〈中央宣傳部關於中醫工作的報告（1956 年 12 月 27 日）〉，見《中醫工作文件彙編（1949－1983 年）（內部發行）》，頁 105－106。

90 〈北京部分在職西醫開始系統地向中醫學習〉，《人民日報》，1955 年 12 月 9 日，3 版。

91 〈加強中醫研究工作的重要步驟（1955 年 12 月 20 日）〉，見《中醫工作文件彙編（1949－1983 年）（內部發行）》，頁 67。

92 〈中央衛生部黨組關於西醫學中醫離職班情況成績和經驗給中央的報告〉，收入《中醫工作文件彙編（1949－1983 年）（內部發行）》，頁 115－117。

學。」[93]「第一門課《內經知要》，學員們就遇到困難，他們就耐心地查字典，不懂的地方共同研究，碰到實在難以解決的問題就虛心地向老師請教，不容易記憶的就編成歌訣。經過幾個月的艱苦學習，他們終於打破了第一道困難，把《內經知要》學完，並且學習成績都很好。」[94] 首個西學中班成功學完《內經知要》，證明了這種學習模式的可行性。

1955 年底至 1956 年初，北京、廣州、上海、武漢、成都、天津等地先後設立西醫學習中醫班。[95] 為了供給學習班教材，《內經知要》一書在 1955 年 2 月至 1959 年 12 月間由商務印書館、人民衛生出版社和錦章書局大量翻印，總印數超過 157,500 冊。[96] 人民衛生出版社影印出版的《內經知要》在〈內容簡介〉中

---

93 李劍：〈第一、二版中醫學院試用教材編修始末〉，頁 339－347。

94 同上註。

95 李劍：〈《中醫學概論》的編修與傳佈〉，頁 21－27。

96 據筆者查找到的商務印書館於 1955 年 2 月、4 月、11 月、1956 年 10 月、1957 年 3 月、1959 年 6 月，錦章書局於 1955 年 4 月，人民衛生出版社 1956 年 3 月、4 月、7 月、11 月、1957 年 5 月、1959 年 12 月印刷的《內經知要》影印本印數統計。

寫到：

> 《內經》是中國現存的第一部醫書，它是二千多年來中醫學術思想發展的基礎。關於中醫「隨症論治」的基本精神，主要是通過此書的闡述而得到明確的綱領；更由於此書內容包括有生理、病理、診斷、治療等各方面的問題，所以成為中醫診病治療的思想指導。因此我們學習中醫必須鑽研《內經》，這是肯定的。
>
> 《內經知要》是明代李念莪所輯註的，他把內經原文節錄歸類後，加以文辭和字義的註釋。由於作者的處理方法較為科學，雖只上下二卷，八個篇名，但很有系統，也能提出綱要。所以自唐以後註釋內經的醫書雖多，而本書獨以簡要見稱。因此本書對研究內經定能起到一定的作用。[97]

97　李念莪輯：《內經知要》（北京：人民衛生出版社，1956）。

缺乏系統理論，一直是中醫在20世紀上半葉備受詬病的重要原因。如1954年10月20日《人民日報》社論認為中醫學「最大的弱點就是缺乏系統的科學理論。」[98] 在歷代眾多內經入門書中，《內經知要》由於具備「方法科學」、「有系統、綱要」、「簡要」等特點而中選。一時間，學習《內經知要》的熱潮席捲了全國。

1956年3月7日，衛生部對「西學中」方式作了進一步說明：「中醫研究院的高級學習班和各大醫院的中醫研究室應堅決進行系統的學習，即先從《內經》、《本草經》、《傷寒論》、《金匱要略》等經典文獻節要學起，求得先有中醫基本理論的概念，以便分科學習，結合臨床繼續研究。只進行一般學習的中醫組可隨本單位的中醫師作臨床學習……有條件時也可以結合學習基本理論（節要的經典文獻）。」[99] 這種以傳統經典及入門讀本為教材的學習方式，在西醫中

98 〈貫徹對待中醫的正確政策（1954年10月20日）〉，收入《中醫工作文件彙編（1949－1983年）（內部發行）》，頁36。

99 〈關於改進中醫工作的報告（1956年3月7日）〉，收入《中醫工作文件彙編（1949－1983年）（內部發行）》，頁78。

產生了很多疑問。有不少的人提出，要在短時間內「系統的學習、全面的接受」[100]衛生部規定的西醫學習中醫的四本必讀中醫古書，難度太大。「學員們普遍反映，畢業後是難以獨立地去進行教學和研究工作的。」[101]在這種情況下，供「西醫學習中醫」用的中醫教材——將節要的經典文獻翻譯成白話文的《內經知要語譯》、《傷寒論語譯》、《金匱語譯》和《本草經語釋》等 9 本教材——由中醫研究院編審室開始編寫，並於 1956 年 8 月出版。《內經知要語譯》的編排系統與《內經知要》完全一致（僅將「經絡」改為「經脈」），同樣分為道生、陰陽、色診、脈診、藏象、經脈、治則、病能八部分；[102]所引「原文」亦與《內經知要》一致，另在「原文」之後，加上了對個別字、詞的「注釋」和白話文的「語譯」。《內經

100 呂炳奎：〈團結全省醫務衛生技術人員，發揮革命熱情積極為建設社會主義而努力（草稿）〉，《江蘇中醫》試刊號（1956），頁 3－8。

101 〈中央宣傳部關於中醫工作的報告（1956 年 12 月 27 日）〉，收入《中醫工作文件彙編（1949－1983 年）（內部發行）》，頁 106。

102 中醫研究院中醫教材編輯委員會：《內經知要語譯》（北京：中醫研究院，1956）。

知要語譯》對《內經知要》的最大改動，是刪去了各版本《內經知要》均有的「六十四卦方圓二圖」、「靈樞臟腑肢節應于面之圖」兩張插圖。

四、以《內經知要》為編寫體例的中醫基礎學教科書

1956 年 4 月 16 日，衛生部宣佈當年將在北京、上海、廣州、成都建立 4 所中醫學院，並在全國各省市開辦高級中醫學校，無條件辦高級中醫學校的省市可辦中級中醫學校。此外，計劃經由「中醫温課」、「師帶徒」等方式，在 1956－1963 年培養 2 萬名左右的高級中醫和 48 萬名左右的初級中醫。[103] 這個宏大的中醫教育計劃與其時師資、教材缺乏的現實間存在巨大落差。在 1956 年 6 月 15 日－30 日召開的第一屆全國人民代表大會第三次會議期間，代表吳執中就提出：「我們要學習中醫。但是鑑於目前中醫師資的缺乏，教科書又沒有系統地編好，我們是否考慮在幾個醫學院校重點試行，過二三年，再在全國醫學院校增

103 殷瑞康主編：《南京中醫藥大學大事記》，頁 8。

設中醫課程。」[104] 以北京中醫學院為例，雖然於 1956 年 9 月 3 日借用中國人民大學海運倉校舍倉促開學，但是建校第一年教員皆為兼職，沒有一位常駐的專職教員，教學方針、學校規模、培養目標等重大問題都沒有認真地進行研究。其他如幹部、教材、設備、房舍等許多亟待解決的問題也都沒有解決。因此，教學工作不能正常進行，引起學生們的普遍不滿，「這一問題應很快解決，否則將在學生中造成很壞的影響和很大的損失。」[105] 在如此嚴峻的形勢之下，為了更好的管理中醫事務，政府於 1956 年 9 月調曾為中醫師的時任江蘇省衛生廳廳長呂炳奎出任衛生部中醫司司長，統籌管理全國的中醫事務。就任後，呂炳奎建議組織編寫一部導論性的中醫教材，「把祖國醫學遺產作比較全面的概括的介紹，以供西醫學院校作為中醫課程的參考教材之用，對一般造詣不深的中醫提示一

---

104 李劍：〈第一、二版中醫學院試用教材編修始末〉，頁 341。

105 〈中央宣傳部關於中醫工作的報告（1956 年 12 月 27 日）〉，收入《中醫工作文件彙編（1949－1983 年）（內部發行）》，頁 110－111。

些補課的範圍，給有志學中醫的青年指出正確的途徑」，[106] 此計劃得到部長助理郭子化（1895－1975）和衛生部黨組書記徐運北（1914－2018）的支持，[107] 並將教材編寫任務交付給由呂炳奎牽頭組建的江蘇省中醫學校承擔。

這部教材於 1957 年初草成初稿，名為《中國醫學概論》。[108] 經試用之後，「為了使繁複的學術得到綱領化，為了幫助初學中醫的人容易找到門徑」，1958 年 4 月，其書更名為《中醫基本理論概要》，[109]「企圖通過這本中醫基本理論概要的編寫，把祖國醫學的理論體系作一次比較全面而又系統的介紹」。[110]《中醫基本理論概要》修訂完成後，送交衛生部審查，衛生部

---

106 南京中醫學院：《中醫學概論》（北京：人民衛生出版社，1958），頁 1。

107 李劍：〈《中醫學概論》的編修與傳佈〉，頁 22。

108 江蘇省中醫學校：《中醫基本理論概要（初修稿）上冊》（南京：江蘇省中醫學校油印，1958），〈前言〉，頁 4。江蘇省中醫學校編著：《中國醫學概論（內部學習參考材料）》（重慶：重慶市衛生工作者協會、重慶市中醫學會翻印，出版年不詳）。

109 江蘇省中醫學校：《中醫基本理論概要（初修稿）上冊》，〈前言〉，頁 4。

110 同上註，頁 1。

決定改名為《中醫學概論》。[111] 為了向國慶獻禮，該書趕於 1958 年 9 月由人民衛生出版社出版，第一次就發行了 40 萬冊（以後多次再版，累計發行達 100 萬冊），並被指定為全國高等醫藥院校的統一必修教材。[112]《中醫學概論》分為上、中、下三編，按照從理論到實踐，從基礎到臨床的順序編排。上編「是中醫學術的基本理論和醫療原則，內分陰陽五行、人與自然、臟象、經絡、預防、病因、證候分類、診法、治療法則、藥物、方劑等章。由於這些理論和醫療原則是指導中醫各科臨床實踐的，所以也可說是中醫的『基礎醫學』部分」。[113] 與《內經知要》篇章結構比較，《中醫學概論》「上編」與《內經知要》均包含「陰陽」、「臟象」、「經絡」、「診法」、「治則」五章；《中醫學概論》「上編」刪去了《內經知要》「道生」一節，將「病能」改為「預防」、「病因」、「證候分類」三節，

111 孟景春、周仲瑛主編：《中醫學概論（修訂本）》（北京：人民衛生出版社，1987），〈前言〉，頁 1。

112 秋實：〈創建輝煌 —— 建校之初二三事追記〉，收入《山高水長：南京中醫藥大學五十華誕紀念文集》（香港：香港醫藥出版社，2004），頁 91－92。

113 南京中醫學院：《中醫學概論》，〈內容簡介〉，無頁碼。

並補入「緒論」、「五行」、「人與自然」、「藥物」、「方劑」五部分。此外，《中醫學概論》中編是中醫臨床各科概要；下編是對中醫必讀經典《內經》、《傷寒》、《金匱》、「温病學説」的概述。[114]

1958 年 10 月 1 日國慶節，《健康報》頭版頭條刊登了《中醫學概論》出版的消息：「在編寫教材上，南京中醫學院編寫《中醫學概論》在整理中醫理論上發射出第一顆衛星。」[115] 1958 年 10 月 11 日，毛澤東肯定了由呂炳奎主持編寫的工作總結報告，[116] 並提出著名論斷：

> 我看如能在 1958 年每個省、市、自治區各辦一個 70－80 人的西醫離職學習班，以兩年為期，則在 1960 年冬或 1961 年春，我們就有大約 2000 名這樣的中西結合

114 同上註。

115〈發衛星，架火箭，衛生工作似閃電：一年來我國衛生事業獲輝煌成就〉，《健康報》第 679 期，1958 年 10 月 1 日，頭版。

116 巫君玉、白永波：〈呂炳奎傳略〉，見《新中國中醫事業奠基人：呂炳奎從醫六十年文集》（北京：華夏出版社，1993），頁 10。

> 的高級醫生，其中可能出幾個高明的理論家。此事情與徐運北同志一商，替中央寫個簡短的指示，將衛生部的報告轉發給地方黨委，請他們加以研究遵照辦理。指示中要指出這是一件大事，不可等閒視之。中國醫藥學是一個偉大的寶庫，應當努力發掘，加以提高。[117]

在對最高指示的貫徹執行中，各級中、西醫學校及醫療衛生單位，全軍醫療衛生系統等單位均開展了「人人學、大家學」的「中醫巡迴教學」，所使用的教材均為《中醫學概論》。[118] 自《中醫學概論》問世後，「此後數版全國統編中醫教材均沿用其中的闡釋方式和內容」。[119]

《中醫學概論》是「貫徹群眾路線，大搞群眾運

117〈毛主席對今後舉辦西醫離職學習中醫的學習班的批語（1958年10月11日）〉，收入《中醫工作文件彙編（1949－1983年）（內部發行）》，頁113－114。

118 李劍：〈《中醫學概論》的編修與傳佈〉，頁22。

119 同上註，頁26。

動」，[120] 集體編寫的產物。筆者查訪參與《中醫學概論》編寫及審改過程的 36 人中，江浙籍人士多達 28 人；除中醫研究院編審室主任于道濟、福建中醫學院肖熙之外，其餘 34 人均屬於江南醫派傳承體系。[121] 由於江南醫派對《內經知要》的重視，以及《內經知要》在《中醫學概論》編寫之前已經成為「西醫學習中醫」入門第一課的教材，《中醫學概論》上編「基礎醫學」依照《內經知要》的篇章分類結構進行編排。參與《中醫學概論》編寫的南京中醫學院學員，對後續的中醫學教材構建影響深遠。[122] 由於北京中醫學院

120 徐運北：〈在全國中醫中藥工作會議上的報告（節錄）（1958 年 11 月 17 日）〉，收入《中醫工作文件彙編（1949－1983 年）（內部發行）》，頁 123。

121 江浙籍 28 人為：許履和、吳貽谷、丁光迪、印會河、王玉川、法錫麟、許濟群、王綿之、顏正華、程莘農、汪幼人、宋愛人、周筱齋、王慎軒、李鴻逵、宋立人、彭懷仁、王自強、施仲安、張浩良、唐錫元、徐惠之、干祖望、劉再朋、嚴明、袁鴻壽、董建華、孟景春。此外，曹種苓、許浚之、倪和憲、臧載陽、王新華 5 人籍貫不明，但均為南京中醫學院教師或學員。任應秋畢業於上海中國醫學院，師承丁仲英、謝觀、秦伯未等，亦為孟河醫派傳人。

122 Volker Scheid, *Chinese Medicine in Contemporary China: Plurality and Synthesis* (Durham and London: Duke University Press, 2002), 179-180.

教師、教材等均嚴重缺乏，1957 年 5 月，呂炳奎曾提出將北京中醫學院遷至南京，由南京中醫學院協助辦學的建議，後因周恩來反對未果。[123] 1957 年 7 月，呂炳奎親至南京，將南京中醫學院的温病、方劑、金匱、中藥、診斷、針灸、內經教研組的組長，即董建華、王綿之、印會河，顏正華、汪幼人、程莘農和王玉川[124]，調往北京中醫學院;七人均於 1955 至 1956 年間就讀南京中醫學院，期間曾參與《中醫學概論》的編寫。此外，南京中醫學院醫科師資班 1957 屆畢業生劉弼臣、王子瑜等七人，也被分配到北京中醫學院任教。[125] 這些南京中醫學院 1956、1957 屆畢業生，成為了北京中醫學院的教學和行政骨幹。此後，北京中醫學院取代了南京中醫學院，成為國家中醫學術中心，負責編寫了後續的多版本國家統編、規劃中醫

123 劉振民、崔文志主編：《實踐與探索：中國高等中醫藥教育四十年》（北京：中國中醫藥出版社，1998），頁 350－351。

124 殷瑞康主編：《南京中醫藥大學大事記》，頁 8。

125 同上註，頁 13－14。

教材。[126]

在1959年衛生部下達[127]的《關於編寫中醫學院中醫課程教學大綱和教材的意見》中，寫明當時正在規劃中、指定由北京中醫學院主編的第一版國家級「統編教材」《內經講義》的編寫目的、要求及體例為：

> （一）目的要求：《內經》為中醫學最早的典籍，亦為中醫必須學習的一門重要理論課程。由於內容豐富，文義深奧，因此，在編寫時要選擇原文，系統地比類編

126 如1960年人民衛生出版社、1964年上海科學技術出版社《內經講義》；1964年上海科學技術出版社、1972年上海人民出版社《內經釋義》；1974年北京中醫學院自印、1974年上海人民出版社、1978年上海科學技術出版社、1978年人民衛生出版社《中醫學基礎》；1961年人民衛生出版社《內經中級講義》、1978年上海科學技術出版社《內經選讀》、1982年北京中醫學院自印《中醫基礎理論》。此外，還有該校印會河主編，《中醫基礎理論》（上海：上海科學技術出版社，1984）；程士德主編，《內經講義》（上海：上海科學技術出版社，1984）；王洪圖主編，《內經選讀》（上海：上海科學技術出版社，1997）；翟雙慶和／或黎敬波主編，《內經選讀》（北京：中國中醫藥出版社，2013、2016、2021）等。

127 劉振民、崔文志主編：《實踐與探索：中國高等中醫藥教育四十年》，頁356。

> 排、綜合闡述，做到深入淺出，使理論聯繫實際，以便學生通過學習，掌握中醫基本理論知識，為學習其他課程打下良好基礎。
>
> （二）編寫內容：《內經》的理論是古代勞動人民與疾病作鬥爭的長期經驗積累，所以它的學術有一定的系統性和完整性。編寫體例，除緒言外，分上篇下篇。上篇導論，包括陰陽五行和五運六氣；下篇本論，分列：人與自然、藏象、經絡、病機、病症、診法、治則等，予以有系統的解釋和闡述。[128]

該《意見》肯定了《黃帝內經》是中醫必修基本理論課程的重要地位。《意見》所要求的「編寫體例」，基本與 1959 年的《中醫學概論》修訂版上編

128〈中華人民共和國衛生部關於編寫中醫學院中醫課程教學大綱和教材的意見〉，收入《中醫工作文件彙編（1949－1983 年）（內部發行）》，頁 165－166。

「中醫學術的基本理論」[129] 相同。

筆者比較了《內經知要》、歷版《中醫學概論》與一至五版國家統編、六至十一版國家規劃中醫基礎學相關教材的目錄（詳見表一及表二），發現第一版國家統編教材《內經講義》的編寫體例被後續各版本《內經講義》沿襲。1978 年四版、1997 年六版、2003 年七版、2007 年八版規劃教材《內經選讀》，以原文選讀為主，附以運氣學説和《內經》十三方。自 2013 年九版教材開始，《內經選讀》亦開始沿襲《內經講義》的編寫體例。此外，歷年歷版（1984 年五版至 2021 年十一版）《中醫基礎理論》及（1974 年三版至 2021 年十一版）《中醫學基礎》，亦均沿襲《內經講義》的編寫體例。關於《內經講義》與中醫基礎學教材雷同的問題，此前已有學者提出質疑。1984 年五版《內經講義》的主編程士德（1919－2009），曾在 1985 年 2 月撰文，提出了「《中醫學基礎》的內容，基本上來自《內經》」、「新教材（《內經講

129 南京中醫學院編著：《中醫學概論》，無頁碼。1959 年的《中醫學概論》修訂版上編還有「醫療原則」部分，包括藥物、方劑、預防等章。

義》）分類的章次及每章的題目與《中醫學基礎》基本相同，要求的內容又極相似」的疑問。[130] 然而，此問題並沒有得到解釋，《內經知要》、《內經講義》、《內經選讀》、《中醫基礎理論》、《中醫學基礎》等中醫基礎學相關教材「都是同樣的分類」[131] 的問題一直持續至今。

五、結論

明代醫家李中梓所著《內經知要》，由於謝觀、秦伯未等江南醫家的推崇，在 1954－1958 年「西醫學習中醫」運動初期成為國家指定的中醫入門教材。雖然在 1958 年南京中醫學院《中醫學概論》出版之後，《內經知要》逐漸不再被作為教材使用，然而《內經知要》的篇章分類模式，深刻影響了此後各版中醫基礎學教科書的編寫體例，進而導致了《內經講義》、《內經選讀》、《中醫基礎理論》、《中醫學基礎》

130 程士德：〈新編《內經講義》教材簡介〉，《吉林中醫藥》，1985 年第 02 期，頁 46－47。

131 同上註。

教材的趨同。

本文通過研究李中梓《內經知要》及其當代影響，探討古代醫學經典著作與當代中醫教科書之間的流變關係。《內經知要》由清代民國時期江南地區儒醫階層推崇的《黃帝內經》入門讀本，轉而成為1950年代席卷全國的「西醫學習中醫」運動的入門第一課教材，繼而影響了後續歷版國家統編、規劃中醫基礎學相關教科書的編寫。經由當代編寫體例固化的教科書，中醫實現了「科學」的基礎理論與臨床實踐的兩分，中醫教育得以普及；但也使得學習者在理解古代中醫經典時，可能無法正確把握不同經典著作及學派之間的理論差異，從而影響了對中醫經典的全面理解和臨床應用的準確性。

表一 《內經知要》與歷版《中醫學概論》目錄比較

李中梓 **內經 知要** 1642 年	李念莪 原輯 錢榮光 注釋 **內經知要講義** 1955 年 4 月	江蘇省 中醫學校 **內經講義** 1956 年 3 月初稿	中醫研究院 中醫教材 編輯委員會 **內經知要 語譯** 1956 年 8 月	江蘇省 中醫學校 **中國醫學概論** 1957 年初 初稿
				祖國醫學的起源和發展
道生	道生	攝生	道生	預防的原理與原則
陰陽	陰陽	陰陽五行	陰陽	陰陽五行學說
		五運六氣		
				天人合一觀念
色診	色診	診法	色診	診斷方法
脈診	脈診		脈診	
藏象	藏象	藏象	藏象	臟腑
經絡	經絡	經絡	經脈	經絡
治則	治則	論治	治則	治療法則
病能	病能	病能	病能	疾病原因的探求
				證候分類

江蘇省中醫學校 **內經講義** 1957 年 5 月初版	江蘇省中醫學校 **中醫基本理論概要** 1958 年 4 月初修稿	南京中醫學院 **中醫學概論** 1958 年 9 月初版	南京中醫學院 **中醫學概論** 1959年9月修訂版
	祖國醫學的起源和發展		
		緒論	緒言
攝生	預防	預防	預防
陰陽五行	陰陽五行	陰陽五行	陰陽五行
	五運六氣		五運六氣
	天人合一	人與自然	人與自然
診法	診法	診法	診法
藏象	臟腑	臟象	藏象
經脈	經絡	經絡	經絡
	營衛氣血精神津液		
治則	治療法則	治療法則	治療法則
病能	病因	病因	病因
	證候分類	證候分類	證候分類

李中梓 **內經知要** 1642 年	李念莪 原輯 錢榮光 注釋 **內經知要講義** 1955 年 4 月	江蘇省 中醫學校 **內經講義** 1956 年 3 月初稿	中醫研究院 中醫教材 編輯委員會 **內經知要** **語譯** 1956 年 8 月	江蘇省 中醫學校 **中國醫學概論** 1957 年初 初稿
				方劑的組成與運用
				藥物的認識和運用
				疾病護理
				傷寒概論
				金匱要略概論
				温病概論

江蘇省中醫學校 **內經講義** 1957年5月初版	江蘇省中醫學校 **中醫基本理論概要** 1958年4月初修稿	南京中醫學院 **中醫學概論** 1958年9月初版	南京中醫學院 **中醫學概論** 1959年9月修訂版
	方劑	方劑	方劑
	藥物	藥物	藥物
	護理	護理	護理
	醫德	醫德	
		內經概述	
	傷寒概論	傷寒概述	
	金匱概論	金匱概述	內科概要
	温病概論	温病概述	
	外科概論	外科概要	外科概要
	婦科概論	婦科概要	婦科概要
	兒科概論	兒科概要	兒科概要
	針灸腧穴概要	針灸概要	針灸概要
		傷科概要	傷科概要
		喉科概要	喉科概要
		按摩概要	按摩概要
			眼科概要
			氣功概要

表二 《內經知要》與歷版國家統編、國家規劃中醫基礎教材目錄比較

<table>
<tr><td colspan="2" rowspan="2">原型</td><td rowspan="2">1642</td><td rowspan="2">李中梓
內經知要</td><td rowspan="2"></td><td rowspan="2">道生</td><td rowspan="2">陰陽</td><td>色診</td></tr>
<tr><td>脈診</td></tr>
<tr><td rowspan="8">統編教材</td><td>一版</td><td>1960</td><td>北京中醫學院
內經講義</td><td>緒言</td><td></td><td>導論</td><td>診法</td></tr>
<tr><td>二版</td><td>1964</td><td>北京中醫學院
內經講義</td><td>緒言</td><td></td><td>導論</td><td>診法</td></tr>
<tr><td>三版</td><td>1974</td><td>北京中醫學院
中醫學基礎</td><td>緒論</td><td></td><td>陰陽五行學說</td><td>診法</td></tr>
<tr><td rowspan="3">四版</td><td>1978</td><td>北京中醫學院
中醫學基礎</td><td>緒論</td><td></td><td>陰陽五行學說</td><td>診法</td></tr>
<tr><td>1978</td><td>湖北中醫學院
中醫學概論</td><td>緒論</td><td></td><td>陰陽五行學說</td><td>診法</td></tr>
<tr><td>1978</td><td>北京中醫學院
內經選讀</td><td>緒言</td><td></td><td></td><td></td></tr>
<tr><td rowspan="2">五版</td><td>1984</td><td>印會河
中醫基礎理論</td><td>緒論</td><td></td><td>陰陽五行</td><td></td></tr>
<tr><td>1984</td><td>程士德
內經講義</td><td>緒論</td><td>養生學說</td><td>陰陽五行學說</td><td>診法</td></tr>
<tr><td rowspan="3">規劃教材</td><td rowspan="3">六版</td><td>1995</td><td>吳敦序
中醫基礎理論</td><td>緒論</td><td>養生</td><td>哲學基礎與思維方法</td><td></td></tr>
<tr><td>1995</td><td>王新華
中醫學基礎</td><td>緒論</td><td></td><td>緒論</td><td>診法</td></tr>
<tr><td>1997</td><td>王洪圖
內經選讀</td><td>概論</td><td></td><td></td><td></td></tr>
</table>

藏象		經絡		治則	病能				
臟象		經絡		治則	病機	病證	五運六氣 標本中氣	十三方	
臟象		經絡		治則	病機		五運六氣		醫經選讀
臟腑		經絡		預防與治則	病因病理	辨證			
臟腑		經絡		預防與治則	病因病機	辨證			
臟腑		經絡		預防與治則	病因	辨證			
								十三方	索問 靈樞
藏象	氣血津液	經絡		防治原則	病因與發病 病機				
藏象學說		經絡學說		治則治法	病因病機學說	病證	運氣學說	十三方	
臟腑 形體和官竅	氣血津液	經絡		治則	病因 發病 病機				
人體結構與功能				預防治則康復	病因病機	辨證			
							運氣學說	十三方	原文選讀

規劃教材	七版	2002	**孫廣仁** 中醫基礎理論	緒論		哲學基礎	
		2004	**曹洪欣** 中醫基礎理論	緒論		陰陽五行	
		2003	**張登本** 中醫學基礎	導論	養生	哲學基礎	診法
		2003	**王慶其** 內經選讀	緒論			
	八版	2007	**孫廣仁** 中醫基礎理論	緒論		哲學基礎	
		2007	**張登本** 中醫學基礎	緒論	養生	陰陽五行	診法
		2007	**王慶其** 內經選讀	緒論			
	九版	2012	**孫廣仁** 中醫基礎理論	緒論		哲學基礎	
		2012	**謝寧** 中醫學基礎	緒論	養生	哲學基礎	診法
		2013	**翟雙慶** 內經選讀	成書與沿革 理論體系的形成發展與學術特點 重要地位與學習方法	養生	哲學思想	診法

藏象	精氣血 津液神	經絡	體質	防治 原則	病因 發病 病機				
藏象	精氣血 津液	經絡	體質	防治 原則	病因 病機		五運六氣		
人體結構與功能				防治 康復	病因 病機	辨證			
							五運六氣		原著 選讀
藏象	精氣血 津液神	經絡	體質	防治 原則	病因 發病 病機				
藏象	精氣血 津液	經絡	體質	防治 康復	病因 病機	辨證			
							五運六氣		原著 選讀
藏象	精氣血 津液	經絡	體質	防治 原則	病因 發病 病機				
藏象	精氣血 津液神	經絡	體質	防治 康復	病因 病機	辨證			
藏象		經絡		論治	病因 病機	病證			

<table>
<tr><td rowspan="14">規劃教材</td><td rowspan="7">十版</td><td>2016</td><td>王鍵
中醫基礎理論</td><td>緒論</td><td></td><td>哲學基礎</td><td></td></tr>
<tr><td>2016</td><td>鄭洪新
中醫基礎理論</td><td>緒論</td><td>養生</td><td>哲學基礎</td><td></td></tr>
<tr><td>2016</td><td>謝寧
中醫學基礎</td><td>緒論</td><td>養生</td><td>哲學基礎</td><td>診法</td></tr>
<tr><td rowspan="4">2016</td><td rowspan="4">翟雙慶
內經選讀</td><td>作者與
成書年代</td><td rowspan="4">攝生</td><td rowspan="4">哲學思想</td><td rowspan="4">診法</td></tr>
<tr><td>注家與注本</td></tr>
<tr><td>理論體系的
形成發展與
學術特點</td></tr>
<tr><td>重要地位與
研讀要領</td></tr>
<tr><td rowspan="7">十一版</td><td rowspan="2">2021</td><td rowspan="2">鄭洪新
中醫基礎理論</td><td rowspan="2">緒論</td><td rowspan="2">養生</td><td>哲學基礎</td><td rowspan="2"></td></tr>
<tr><td>思維方式</td></tr>
<tr><td>2021</td><td>陳晶
中醫學基礎</td><td>緒論</td><td>養生</td><td>哲學基礎</td><td>診法</td></tr>
<tr><td rowspan="4">2021</td><td rowspan="4">翟雙慶
內經選讀</td><td>作者與
成書年代</td><td rowspan="4">攝生</td><td rowspan="4">哲學思想</td><td rowspan="4">診法</td></tr>
<tr><td>注家與注本</td></tr>
<tr><td>理論體系的
形成發展與
學術特點</td></tr>
<tr><td>重要地位與
研讀要領</td></tr>
</table>

藏象	精氣血津液	經絡	體質	防治原則	病因 病機				
藏象	精氣血津液神	經絡	體質	防治原則	病因 病機				
藏象	氣血津液	經絡	體質	預防治則康復	病因 病機	辨證			
藏象		經絡		論治	病因病機	病證		十三方	
藏象	精氣血津液神	經絡	體質	防治原則	病因 病機				
藏象	氣血津液	經絡	體質	預防治則康復	病因 病機	辨證			
藏象		經絡		論治	病因病機	病證		十三方	

「白玉樓」與「古錦囊」：李賀形象的建構與接受

韋[illegible]

一、引言

作為中唐時期（766－835）代表性詩人，李賀（790－816）以其獨具特色的詩歌風貌為歷代文人所關注，其自身形象也在歷代文人的建構與接受中逐漸豐滿。圍繞李賀本人的生活經歷、人生際遇、奇聞異事、神話傳說以及外貌體態等內容，李賀的形象經過持續的閱讀、傳播，漸為讀者所接受；隨着閱讀與創作實踐的發生，李賀的形象再次被塑造，並作為相對固定的素材、用事或者典故進入新的創作環節以及文本生產。李賀逝世後，讀者對李賀形象的認知來源主要有兩條途徑：一為通過解讀詩人作品及相關傳說、傳記等文本，勾勒出詩人文學思想、藝術風格以及情

---

* 韋禕於 2020 年獲香港城市大學中文及歷史學系哲學博士學位，現職深圳技術大學講師。

感世界之概貌，即在閱讀中描繪出詩人的「文學形象」；二為通過他人對詩人生平事跡、生活軌跡、知識儲備、軼事趣聞的記述，在閱讀中描繪出詩人的「生活形象」。「文學形象」與「生活形象」相互影響、滲透，在閱讀行為與文本的互動中共同完成詩人整體形象的建構。可以說，李賀的形象在閱讀與創作中逐步被建構，讀者、文本與作者在不斷循環的接受鏈條上共同參與了這一過程。

對李賀形象的建構與接受研究，是李賀接受史研究中重要的組成部分。田菱（Wendy Swartz）在《閱讀陶淵明》中指出：

> 因為「接受」研究已然長久被認可足以揭示文學傳統中詮釋實踐的流變過程，這使得對此課題的研究具有十分重要的意義。在傳統中國，閱讀實踐的發展是一扇珍貴之窗，由此可觀察出文人文化與價值的變化。對於中國文學史上重要人物身後聲名建構過程的研究、他的作品在「接受」過程中的運作機制以及陶淵明及其作品特

定解讀的經典化，能增進對傳統中國文學與文化領域轉變的理解。[1]

田菱以陶淵明為例，揭示了詩人形象研究對於接受史研究的重要價值。筆者認為，在詩人形象的建構過程中，接受美學的核心結構，即「讀者——文本——作者」的三角結構充分發揮了其作用，三者呈現了動態的、交互的、循環的有效互動：通過對文本的閱讀和再創作，讀者與作者的身分合二為一；接受詩人形象的讀者範圍擴大，不再局限於上層文人；讀者、文本與作者共同協作，推動了詩人作品經典化以及人物形象經典化、符號化、偶像化的進程。

回顧李賀形象的相關資料和研究，「白玉樓」的傳說、「古錦囊」的創作方式、獨特的外貌特徵、「詩鬼」的稱號等內容是其形象的重要標幟，這些標幟的形成與李賀本人及其作品「奇」的核心特點密切相關。本文旨在通過分析重要標幟的形成路線，考察歷

1　田菱（Wendy Swartz）著，張月譯，《閱讀陶淵明》（北京：中華書局，2016），頁 2。

代文人對其形象閱讀與接受之情況，試圖從接受史角度再現李賀形象的建構過程，藉以增進對文學與文人文化關係之理解，探究文人及其作品經典化之路徑。

二、成仙：「白玉樓」傳說的閱讀與接受

李賀「白玉樓」成仙的神話傳說，是其形象建構與接受過程中的重要內容。「白玉樓」的傳說自晚唐時期（836－907）起便得到了廣泛傳播，並被歷代文人騷客賦予了長久的生命力，不斷地被徵引、應用到新一輪的創作之中，進而逐漸成為相對固定的用事、典故與文學常識。

1. 李商隱與〈李長吉小傳〉

「白玉樓」的傳說最早見於李商隱（813－858）所撰〈李長吉小傳〉之中。在此之前涉及李賀生平事跡的文章或傳記，如韓愈（768－824）的〈諱辯〉、沈亞之（781－832）的〈送李膠秀才詩序〉，以及杜牧（803－852）所作序文，對「白玉樓」一事均無記述。李商隱在〈小傳〉中寫道：

> 京兆杜牧為〈李長吉集敘〉，狀長吉之奇甚盡，世傳之。長吉姊嫁王氏者，語長吉之事尤備……長吉將死時，忽晝見一緋衣人，駕赤虬，持一板，書若太古篆或霹靂石文者，云：「當召長吉。」長吉了不能讀，欻下榻叩頭，言阿彌老且病，賀不願去。緋衣人笑曰：「帝成白玉樓，立召君為記，天上差樂，不苦也。」長吉獨泣，邊人盡見之。少之，長吉氣絕。常所居窗中，㶿㶿有煙氣。聞行車嘒管之聲，太夫人急止人哭。待之如炊五斗黍許時，長吉竟死。王氏姊非能造作謂長吉者，實所見如此。[2]

李商隱認為，杜牧的序文對李賀之「奇」描述得較為詳盡，同時「世傳之」也表明了此序在晚唐時期已經廣為傳播，有很高的接受度。李商隱在記述李賀

2　李商隱：〈李長吉小傳〉，見王琦等評注《三家評注李長吉歌詩》（上海：上海古籍出版社，2018），頁13－14。

之事前，加入了「長吉姊」這一細節，以向讀者暗示，自己所述之事的信息來源是李賀的姐姐，進而提高傳記的詳細程度以及可信度。可見，李商隱在創作之時，已經為此篇傳記日後的傳播增加了砝碼。隨後，李商隱對李賀之死進行了神話化、浪漫化的處理：其再現了李賀去世時的場景，即有一緋衣仙人駕乘赤虬而來，手持笏板來召李賀一同前往天庭，為天帝新建的白玉樓作記，這便是李商隱眼中李賀早逝的原因以及去向。筆者無法確定李商隱是否為「白玉樓」故事的首創者，也未能找到早於李商隱〈小傳〉的故事版本，或者同時期流傳較廣的關於「白玉樓」一事的文字記錄，但我們或許能夠從「白玉樓」故事建構的方法與動機上窺見端倪。

首先，李賀本人曲折傳奇的生活經歷，為其後世形象的建構奠定了事實基礎。李賀作為少年天才，早年詩名在外，得到了文壇盟主韓愈的推舉和賞識，但卻因其父名諱而遭讒，未能參加科舉應試；之後更是仕途多舛，懷才不遇、壯志難酬。李賀作品風格譎怪瑰麗、穠麗幽詭，詩中多寫鬼怪神仙、生老病死之事；詩人正值青年卻過早離世，僅留下二百餘首詩作，但並不影響其成為詩歌史上的重要詩人。從少年成名到英年早逝，李賀一生起伏坎坷，籠罩着濃重的傳奇色彩；加之其詩作本身的奇詭風格，這些都近乎完美地契合了古代文人對李賀本人與其作品的「期待視野」——「奇」。具有「奇」之意蘊的人生軌跡為李賀形象的建構提供了可以發揮的空間。

其次，將李賀的形象進行「神化」，即「去俗化」處理，並通過添加細節以提高故事情節的可信度，進而使建構的李賀形象更加真實、飽滿。李商隱在描述「李賀之死」的場景時增加了大量的細節，如「緋衣」、「赤虬」的顏色描寫，笏板上的字體及內容，仙人與李賀的對話，流淚的細節，李賀母親角色的加入，以及對環境、聲音的再現，都極大程度地增加了讀者的情節代入感。同時，「邊人盡見之」和「王氏姊非能造作謂長吉者，實所見如此」等句，亦是通過利用他人之所見所言，增加天帝召作〈白玉樓記〉一事的真實感與可信度。

第三，「白玉樓」一事或以李賀詩歌作品為原型，李商隱〈小傳〉的創作與李賀詩歌中的自我書寫存在明顯的互文性。高恆、張丹在〈詩與傳：李賀形象神話側面的建構軌跡〉[3]一文中，認為李賀的詩歌存有李商隱故事的原型，〈小傳〉中敘事路徑與李賀詩歌〈公無出門〉具有直接聯繫。筆者認為，李商隱或者「白玉樓」故事的最初創作者在建構此事時，參照了李賀詩歌中的內容，並對李賀詩歌的語辭之「奇」與詩情之「奇」有深刻的理解與認知。

李賀〈公無出門〉詩曰：

> 天迷迷，地密密，熊虺食人魂，雪霜斷人骨。嗾犬狺狺相索索，舐掌偏宜佩蘭客。帝遣乘軒災自滅，玉星點劍黃金軛。我雖跨馬不得還，歷陽湖波大如山。毒虯相視振金環，狻猊猰貐吐饞涎。鮑焦一世披草眠，顏回廿九鬢毛斑。顏回非血衰，鮑焦不違天。天畏遭啣嚙，所以致之然。分明猶懼公不信，公看呵壁書問天。[4]

3 高恒、張丹：〈詩與傳：李賀形象神話側面的建構軌跡〉，《曲靖師範學院學報》，第 36 卷第 4 期（2017），頁 39－44。

4 〈公無出門〉，見吳企明箋注：《李長吉歌詩編年箋注》（北京：中華書局，2013），頁 628。

詩歌開篇便營造了天昏地暗、混沌低迷的環境氣氛，借吃人的「熊虺」、刺骨的「雪霜」描繪了人世間危險兇惡的境地。詩人常借用〈離騷〉將自己比喻為「佩蘭客」，即品德高潔之人。然則高潔之士卻屢遭讒害，天帝為了詩人免遭戕害，故派遣了軒車迎接詩人之精魂前往天庭，不再回歸人間。徐渭注曰：「言一死則災自滅矣，是天厚之，故令其死也，下文引顏、鮑經實天之厚，乘軒死而上升也。」[5]詩人認為顏回、鮑焦之死亦是天帝出於對他們的厚待，擔心其被世間險惡所害，故而使二人夭亡、魂歸上天。王琦注曰：「言天恐聖賢出門遭害，故寧使之窮而夭折。」[6]

由此看來，〈公無出門〉中天帝遣軒車前來迎接前往天界這一細節，與〈李長吉小傳〉中的情節基本一致，前往天界實則為一樂事，規避了人間的險惡與困境。徐渭注〈公無出門〉題曰：「即小招四方上下俱不可往意，故曰公無出門。蓋甚有意於棄世違俗，

5　同上註，頁 629。

6　同上註，頁 631。

罷於歘進也。」[7]〈小傳〉中對長吉之死的安排，與詩人的自我書寫及意願也是高度一致的。同時，緋衣仙人、赤色虬龍、篆文笏板、煙氣㷈㷈、行車嘒管之聲等內容，也是李賀詩歌中經常出現的元素，故「白玉樓」一事的作者不僅在故事內容和內在情感上與李賀詩歌相照應，在行文過程中亦參照了李賀詩歌之技法，即善用感官意象營造詩歌氛圍。可見，李賀成仙的故事與李賀詩作本身也存在深層的呼應與關聯。

李商隱將李賀早夭的結局歸因於李賀為天帝白玉樓作記，成仙而去，其記述「白玉樓」一事的動機在〈小傳〉結尾處有所闡明。李商隱寫道：

> 嗚呼！天蒼蒼而高也，上果有帝耶？帝果有苑囿宮室觀閣之玩耶？苟信然，則天之高邈，帝之尊嚴，亦宜有人物文彩愈此世者，何獨眷眷於長吉而使其不壽耶！噫，又豈世所謂才而奇者，不獨地上少，即天上亦不多耶？長吉生二十七年，位不

7 同上註，頁628－629。

> 過奉禮太常，時人亦多排擯毀斥之。又豈才而奇者，帝獨重之，而人反不重耶？又豈人見會勝帝耶？[8]

李商隱情感強烈地對「李賀之死」發出一連串的議論與感慨。其一方面為李賀年命不壽感到惋惜，另一方面也高度認可了李賀詩歌「奇」的顯著特色：李賀乃人世間罕有之奇人、奇才，其文才亦是天上少有，故天帝方召其前往。之後，李商隱又指出了李賀在世期間仕途不順、遭人讒害擯毀，才能無處施展，而天帝則重其才情，將其帶離人間。可見，李商隱對「白玉樓」一事的寫作動機，與李賀的個人書寫及情感是一致的。李商隱作為李賀詩歌的閱讀與接受者，其對李賀的作品產生了高度共鳴。

李商隱書寫「白玉樓」傳說的動機，首先可以歸因於二人具有共同的美學理想與詩學理念。李商隱以李賀為詩學模範進行了大量擬作，繼承了李賀奇麗幽深、設色穠艷的藝術特色，錢鍾書評論道：「唯

8 〈李長吉小傳〉，見《三家評注李長吉歌詩》，頁 14。

李義山才思綿密，與杜韓無不升堂嗜胾，所作如〈燕臺〉、〈河內〉、〈無愁果有愁〉、〈射魚〉、〈燒香〉等篇，亦步昌谷後塵。」[9] 其次，李賀的命運多舛、仕途不順引發了同為文人的李商隱的同情、感慨以及對自身命運的歎息，產生了對文人共同命運即「詩人薄命」的思考。正如吳承學指出：「『詩人薄命』的命題在唐代被明確提出來，此後又不斷被重複與強化」，「自古詩人多薄命」這一觀點「不是對事實的客觀總結，而是一種帶有強烈集體性主觀色彩的想象與含混的印象，也是出於對理想的詩歌和詩人的深切期待」。[10] 李賀的才情與命運，恰恰符合了李商隱以及後世歷代文人對詩人身份的想象、理想與期待。也正是懷有「詩人薄命」的哀歎與共鳴，李商隱為李賀作此〈小傳〉，神化了其英年早逝之事，希冀李賀可以文史留名，其具有獨特藝術風格的詩作也可以長久地

---

9 錢鍾書，《談藝錄》（北京：生活・讀書・新知三聯書店，2007），頁 120。

10 吳承學，〈「詩能窮人」與「詩能達人」── 中國古代對於詩人的集體認同」〉，《中國社會科學》，2010 年第 4 期，頁 178－192：其中頁 179 及 186。

流傳於後世。

2. 演繹與擴展

繼〈李長吉小傳〉之後，李賀「白玉樓」的故事在一代又一代文人的閱讀與接受中不斷被演繹、擴展，並應用到新文本的創作之中。在這條環環相扣的接受鏈條上，李賀「白玉樓」的故事細節逐漸豐富，「成仙」的形象也經過歷代文人的建構，成為李賀相對固定的形象標幟。

唐人張讀（約 853 前後在世）所著《宣室志》，對李賀成仙一事展開了更為細緻的擴展與補充。其將「白玉樓」事單著一篇，寫道：

> 隴西李賀，字長吉，唐鄭王之孫。稚而能文，尤善樂府詞句，意新語麗，當時工於詞者，莫敢與賀齒，由是名聞天下。以父名晉肅，子故不得舉進士。卒於太常官，年二十四。其先夫人鄭氏，念其子深，及賀卒，夫人哀不自解。一夕夢賀來，如平生時，白夫人曰：「某幸得為夫

> 人子，而夫人念某且深，故從小奉親命，能詩書，為文章。所以然者，非止求一位而自飾也，且欲大門族，上報夫人恩。豈期一日死，不得奉晨夕之養，得非天哉！然某雖死，非死也，乃上帝命。」夫人訊其事，賀曰：「上帝，神仙之君也。近者遷都於月圃，構新宮，命曰『白瑤』，以某榮於詞，故召某與文士數輩，共為〈新宮記〉。帝又作凝虛殿，使某輩纂樂章。今為神仙中人，甚樂。願夫人無以為念。」既而告去。夫人寤，甚異其夢，自是哀少解。[11]

李商隱在「白玉樓」場景中寫到李賀因其母年邁有疾，不願離去；又對李賀乘軒車離去時，其母「急止人哭」的舉動進行了描寫。張讀在李商隱〈小傳〉的基礎上增加了更多細節，並從李賀母親的角度

11 張讀撰，張永欽、侯志明點校：《宣室志》（北京：中華書局，1983），頁162－163。

為「白玉樓」傳說撰寫了後續。在李賀成仙的敍事空間中，李賀的母親是一個重要角色。〈李長吉小傳〉中便有這樣的敍述：「及暮歸，太夫人使婢受囊，出之，見所書多，輒曰:『是兒要當嘔出心乃已爾』」，[12] 即借李母之口一方面指出李賀與眾不同的創作方法，同時又強調了其尚「苦吟」的詩學理念。在張讀筆下，李賀與鄭氏母子情深，以致李賀成仙逝去後，鄭氏仍悲痛難以自持，故李賀入夢而來以寬慰鄭氏。鄭氏夢中，李賀述說了自己欲光大氏族門楣的抱負，但卻因早逝而未能實現，這與現實生活中李賀在詩作中的自我書寫是一致的。又言「豈期一日死，不得奉晨夕之養，得非恨哉！然某雖死，非死也，乃上帝命」，這裏李賀的自我敍述則是對〈李長吉小傳〉中「長吉了不能讀，欻下榻叩頭，言阿㜷老且病，賀不願去」情節的補充。之後，張讀在李賀與其母的對話中，填入了更多的細節：李賀前往天界作記的白玉樓名為「白瑤」，所作文章題為〈新宮記〉;記文已作畢，然則天帝又建「凝虛殿」，因此李賀無法返回人間，

12 〈李長吉小傳〉，見《三家評注李長吉歌詩》，頁 14。

仍須留在天宮為新殿作樂章，此說法也呼應了李賀長於樂府的事實。筆者認為，張讀後續的「白玉樓」故事暗含了對李賀詩才的認可：「以某榮於詞」、「使某輩纂樂章」;同時，在這一幕母子重聚的温情場景中，也流露出了作者對於李賀早夭的惋惜，以及近乎自我安慰式的、望文人得有善終的寄託。張讀對「白玉樓」原有故事的擴展，以及新情節的加入，亦可被視為對「詩人薄命」這一集體認同感的反思。

兩宋時期，李昉（925－996）等人奉宋太宗趙炅（939－997）之命編著《太平廣記》，將張讀《宣室志》收錄其中。宋人劉斧（生卒年不詳）撰輯的《青瑣高議》中的〈書仙傳〉一文，對李賀「白玉樓」成仙之事也有所記敍。〈書仙傳〉主人公曹文姬「本長安娼女也。生四五歲，好文字戲，每讀一卷，能通大義，人疑其夙習也。及笄，姿艷絕倫，尤工翰墨。自牋素外至於羅綺窗户，可書之處，必書之，日數千字，人號為書仙，筆力為關中第一。」[13] 曹文姬以詩才擇婿，嫁

13 劉斧撰輯：〈書仙傳〉，《青瑣高議》（上海：上海古籍出版社，1983），頁 26。

於岷江任生。而曹文姬實為因情愛謫居凡間的司書仙人，夫妻二人的凡間生活雖然恩愛，但五年後曹文姬將返回天宮，並希望任生與其同歸仙庭。文中寫道：

> （曹文姬）謂任曰：「吾將歸，子可偕行乎？天上之樂勝於人間，幸無疑焉。」俄聞仙樂飄空，異香滿室。家人驚疑共窺，見朱衣吏持玉板，朱書篆文，且曰：「李長吉新撰〈玉樓記〉就，天帝召汝寫碑，可速駕無緩。」家人曰：「李長吉唐之詩人，迄今三百年，焉有此妖也。」女笑曰：「非爾等所知，人世三百年，仙家猶頃刻耳。」女與生易衣拜命，舉步騰空，雲霞爍爍，鸞鶴繚繞，于是觀者萬計。[14]

〈書仙傳〉直接引用了李賀「白玉樓」成仙一事，以李賀為天帝所作〈玉樓記〉寫成，需要身為司書仙人曹文姬寫碑，作為曹文姬返回天庭的緣由。曹文

14 劉斧撰輯：〈書仙傳〉，《青瑣高議》，頁 27。

姬的離去套用了李賀成仙的情節，「朱衣吏」、「持玉板」、「朱書篆文」的元素再次出現，可見李賀「白玉樓」成仙一事在兩宋時期已經得到普遍的傳播與接受，可以作為模板與「文學共識」進入新的文學創作之中。值得注意的是，〈書仙傳〉中不僅保留了李賀「白玉樓」成仙的故事，還保留了其詩才卓群、頃刻成文的特點。曹文姬道：「人世三百年，仙家猶頃刻耳」，而李賀〈玉樓記〉寫就則在頃刻之間，可見李賀的奇才也是為時人共知的。唐人馮贄《雲仙雜記》云：「有人謁李賀，見其久而不言，唾地者三，俄而成文三篇。」[15] 不難發現，〈書仙傳〉對李賀形象的塑造亦吸收了其他文本之成果。又如宋人洪邁（1123－1202）的《夷堅志》中，李賀「白玉樓」成仙之事也被直接引入文本。〈玉華侍郎〉篇寫道：「莆田人方朝散，失其名……死後久之，乃用前功得召見于白玉樓，蓋李長吉所作記處也。」[16] 自晚唐至兩宋，李賀

15 馮贄：《雲仙雜記》（北京：中華書局，1985），卷3，頁20。

16 洪邁撰，何卓點校：《夷堅志》（北京：中華書局，1981），第2冊，頁272。

「白玉樓」成仙的傳說故事基本定型，在「白玉樓」故事的書寫中，李賀的仙人形象被逐步建構並日益豐滿。

三、「白玉樓」典故的形成與接受

兩宋時期，李賀「白玉樓」成仙的故事框架基本定型，並作為相對固定的典故應用於詩歌創作之中。陳師道（1053－1101）〈黃預挽詞四首〉（其二）詩云：

> 骨秀神仙數，詩清雅頌才。識高懸日月，韻勝絕塵埃。去就堪同事，摧殘盡一哀。了知天上去，不似世間來。[17]

任淵注曰：「『天上去』用李賀事。」[18]〈黃預挽詞四首〉（其三）云：

17 〈黃預挽詞四首〉（其二），見任淵注：《後山詩注》（北京：中華書局，1985），頁140－141。

18 同上註，頁141。

> 志大期千里，身宜置一丘。英詞真蓋世，爽氣已橫秋。地要黃金骨，天成白玉樓。平生斲泥手，斤斧恐長休。[19]

任淵注曰：「李商隱作〈李賀小傳〉云：『賀將死時，有緋衣人持一版書，召賀曰：帝成白玉樓，立召為記。天上差樂，不苦也。少頃遂絕。』」[20] 又如南宋末年陳允平（生卒年不詳）作〈哭樓梅麓〉，詩云：

> 白玉樓成去作文，只從西棘掛朝冠。生來病苦相如渴，沒後人知范叔寒。野店春閒沽酒榼，溪堂月冷釣魚竿。梅花麓上誰彈淚，歲歲東風吹不乾。[21]

蔡戡（1141－1182）〈錢大受挽詩二首〉（其二）云：

19 同上註，頁 141。

20 同上註，頁 141。

21 〈哭樓梅麓〉，見陳起編：《江湖小集》，《景印文淵閣四庫全書》第 1357 冊（台北：臺灣商務印書館，1986），卷 17，頁 7。

> 淝水功名取次休，空令遺恨滿滄洲。禁中新賜黃金帶，天上俄成白玉樓。京峴兒童應墮淚，江淮草木亦生愁。一朝雙劒齊飛去，會見光芒射斗牛。[22]

又如黃仲元（1231－1312）〈故梅西先生郭教授墓銘〉云：「先生以乙巳九月二十九日生，今春清明詣張令尹某燕席。翊日，徧謁親舊，歸猶課僕種葵，丙夜赴玉樓召」，下注曰：「賀夢人告曰：『天帝白玉樓成，請君為記。』遂卒。」[23]可知，在兩宋時期的文學創作中，「白玉樓」已經成為特定的典故，用於文人之間所作的輓詩或墓志銘，作「離世」之意。「白玉樓」典故的形成，首先出於文人之間的身份認同：輓詩、墓志銘所悼念的對象皆為文人，以李賀「白玉樓」一事描述其離世，二者身份相契合。其次，李賀詩名甚高，以李賀「白玉樓」成仙一事代指離世，不

22 〈錢大受挽詩二首〉（其二），見《定齋集》，《景印文淵閣四庫全書》第 1157 冊，卷 19，頁 755。

23 〈故梅西先生郭教授墓銘〉，見《四如集》，《景印文淵閣四庫全書》第 1188 冊，卷 4，頁 678－679。

僅是對逝者文學才能的認可，同時亦表達了對逝者「詩人薄命」的惋惜與遺憾。自兩宋時起，以「白玉樓」代指文人之離世已成為相對固定的用法，並一直沿用至後世。

此外，李賀「白玉樓」成仙一事不僅以典故的形式進入到文人寫作，更以詞條的形式出現在類書之中。邵雍（1012－1077）纂輯的《夢林玄解》中將「白玉樓」一事收入《夢占．文翰部．詩詞類》「〈白玉樓記〉」條[24]以及《夢徵．樓宇部．樓閣類》「白玉樓成」條。[25]「白玉樓」從文人寫作範疇進入到更加廣闊的閱讀視域之中，李賀形象的接受對象也開始出現了超出文人範圍的可行性，對李賀形象的閱讀與接受程度在兩宋時期得到了空前提升；李賀其人與作品已經進入到了經典化的進程之中，明清時期的文學創作與類書收錄情況則可視為兩宋時期之延續。

24 邵雍纂輯，《夢林玄解》，明崇禎刻本，卷22，頁22。
25 同上註，卷33，頁11。

四、仙人形象與李賀之「奇」

李賀生平事跡之「奇」與作品之「奇」，共同作為其仙人形象建構的根本動力，是建構者對其「奇」閱讀與接受的直接反應。首先，「白玉樓」的故事框架與李賀詩作〈公無出門〉中的內容高度相似，在語辭的使用以及環境氛圍的營造上都繼承了李賀詩歌「奇辭」的藝術特色，如「緋衣仙人」、「赤虯」、「行車嘒管」、「焞焞煙氣」等要素，在李賀的作品中都可窺見一二。其次，對李賀仙人形象的建構延續了其詩作中的「不平之鳴」，「奇情」的情感因素貫穿其中。李賀因其懷才不遇、仕途坎坷又遭人讒害的人生際遇，詩作中多飽含壯志難酬、幽怨憤懣之情，「白玉樓」傳說對李賀成仙遠離俗世的結局安排，與李賀詩作中流露出的情感兩相契合。歷代文人在建構、傳播李賀仙人形象的同時，也將自己作為文人的身份認同與情感投射其中：他們對李賀詩才卓然卻英年早逝的命運報以強烈的惋惜之情；「白玉樓」結局的設定既是一種美好想象，同時也是對自身命運的寄託與慰藉。此外，自盛唐時期（713－756）起，道教的普及便已開始影響文人的創作心理，中唐時期尚奇風氣與起，以修道成仙為主題的詩歌、筆記創作得到大規模發展，這些都為李賀仙人形象的建構與傳播提供了更為廣闊的空間。

五、人間：「古錦囊」與詩歌創作

「古錦囊」是現實生活中李賀形象的重要特徵，其不僅是李賀服飾、外形上的特殊標幟，更代表着李賀特有的詩歌創作方式。可以說，「古錦囊」是將詩人的現實生活和文學創作鏈接起來的橋樑。在李賀形象建構的前期階段，「古錦囊」常與李賀的生活方式和外貌特徵共同出現。因此，本節以「古錦囊」為討論重點，兼論李賀外貌特徵，試圖呈現現實世界中詩人李賀的整體形象。

1. 對「古錦囊」的接受與創作

對李賀「古錦囊」的記述，最早見於李商隱所作〈李長吉小傳〉。傳云：

> 每旦日，出與諸公遊，未嘗得題然後為詩，如他人思量牽合以及程限為意。恆

> 從小奚奴，騎距驢，背一古破錦囊，遇有所得，即書投囊中。及暮歸，太夫人使婢受囊，出之，見所書多，輒曰：「是兒要當嘔出心乃已爾。」上燈，與食，長吉從婢取書，研墨疊紙足成之，投他囊中。非大醉及弔喪日，率如此，過亦不復省。王、楊輩時復來探取寫去。長吉往往獨騎，往還京雒，所至或時有著，隨棄之，故沈子明家所餘四卷而已。[26]

李商隱在〈小傳〉中，詳細描述了李賀外貌特徵和日常生活。古錦囊在李賀的日常生活以及詩歌創作中發揮着重要作用。李賀與諸友人出遊，不曾先設定題目再賦詩，而是將途中的詩思感發記錄下來，投入古錦囊中。待傍晚歸家後，再根據錦囊中所得的片語和短句進行創作，進而完成整篇詩歌。在李賀的日常生活中，古錦囊是詩思的承載者，是其詩人生涯的見證者，更是其「綴句成篇」獨特詩歌創作方法的象

26 〈李長吉小傳〉，見《三家評注李長吉歌詩》，頁 14。

徵，是其苦吟煉字、筆補造化詩學理想的具象化符號。在圍繞「古錦囊」的敍述中，李商隱還增添了一些細節：錦囊古舊、磨損，可見李賀創作之勤奮、頻繁;囊中字句甚多，足見其每日詩思深慮，苦心創作。

在李商隱的〈小傳〉中，「古錦囊」這一日常物件開始與李賀師心苦吟、筆補造化的文學思想和創作方法緊密相連。之後，唐人陸龜蒙（？－881）〈書李賀小傳後〉直接引用了李商隱的說法：「玉溪生傳：李賀，字長吉。常時旦日出遊，從小奚奴，騎駏驉，背一古破錦囊，遇有所得，即書投囊中。暮歸，足成其文。」[27] 兩宋時期，《新唐書》亦沿用了李商隱〈小傳〉之內容，其言道：

> 為人纖瘦，通眉，長指爪，能疾書。每旦日出，騎弱馬，從小奚奴，背古錦囊，遇所得，書投囊中。未始先立題然後為詩，如它人牽合程課者。及暮歸，足成

27 陸龜蒙撰，宋景昌、王立群點校：《甫里先生文集》（鄭州：河南大學出版社，1996），頁 270。

> 之。非大醉、弔喪日率如此。過亦不甚省。母使婢探囊中，見所書多，即怒曰：「是兒要嘔出心乃已耳。」[28]

從文本上我們可以發現，《新唐書》沒有收入「白玉樓」的故事，但是在「古錦囊」以及李賀詩歌創作方法的描述上，基本與李商隱〈李長吉小傳〉一致。兩宋時期，李賀「古錦囊」的標籤基本定型。同時，宋人也開始對「古錦囊」所代表的李賀詩歌創作方法展開了討論，並將其與詩歌之「理」相勾連。

「古錦囊」作為詩人苦吟作詩、嘔心創作的象徵，也於兩宋時期開始進入文人的寫作，並在一定程度上影響了這一時期詩人的創作方式與寫作生活。梅堯臣（1002－1060）與李賀的創作方式驚人地相似。《孫公談圃》記載：

> 公昔與杜挺之、梅聖俞同舟遡汴，見

28 歐陽修、宋祁：《新唐書》（北京：中華書局，1975），卷203〈李賀傳〉，頁5787－5788。

> 聖俞吟詩，日成一篇，眾莫能和，因密伺聖俞如何作詩。蓋寢食游觀未嘗不吟諷思索也。時時於坐上忽引去，奮筆書一小紙，內算袋中，同舟切取而觀，皆詩句也，或半聯，或一字。他日作詩，有可用者入之。有云：「作詩無古今，惟造平淡難。」乃算袋中所書也。[29]

李賀將平時所得詩句投入自己的「古錦囊」，梅堯臣也同李賀一樣，無論寢食遊觀都在思索作詩吟詠之事，每有所得，遂記錄下來投入隨身佩戴的算袋之中。梅堯臣「書投算袋」的成果，便是每日可成詩一篇，而詩歌之精妙絕倫無人能和。這不僅是「算袋」的功勞，也代表着梅堯臣尚苦吟、重積累，長於深思煉句的創作理念得以實踐。《詩話總龜》引《東齋錄》云：「聖俞平生苦於吟詠，以閑為意，故其詩思

29 孫升口述，劉延世筆錄：《孫公談圃（及其他二種）》（北京：中華書局，1991），頁 24。

極艱。」[30] 梅堯臣「算袋」與李賀「古錦囊」的創作方法高度相似，並非巧合。梅堯臣對李賀「古錦囊」的掌故非常熟悉，並以此入詩，表示對作詩苦心吟詠、深思煉句行為的認可與欣賞。其詩〈答仲源太傅八日遺酒〉云：「李賀諸王孫，作詩字欲飛。聞多錦囊句，將報慚才微」，[31] 又如〈張淳叟獻詩永叔同永叔和之〉云：「歸去應將錦囊貯，已勝珠玉莫愁貧」，[32] 皆高度肯定了李賀「古錦囊」的創作方法。結合梅堯臣的作品與行為，不難發現李賀「古錦囊」的形象標籤不僅深入其心，更切實地影響了梅堯臣本人的詩學理念和創作方法。

兩宋時期，以「古錦囊」作為典故開展創作的詩人不止於梅堯臣。如蘇軾（1037－1101）作〈次韻王晉卿奉詔押高麗宴射〉詩云：

---

30 阮閱編，周本淳校點：《詩話總龜》（北京：人民文學出版社，1987），卷 6，頁 69。

31 〈答仲源太傅八日遺酒〉，見朱東潤編年校注《梅堯臣集編年校注》（上海：上海古籍出版社，1980），卷 16，頁 636。

32 〈張淳叟獻詩永叔同永叔和之〉，見《梅堯臣集編年校注》，卷 16，頁 937。

> 北苑傳呼陛楯郎，東夷初識令君香。天山自可三箭取，海國何勞一葦杭。宣勸不辭金盌側，醉歸爭看玉鞭長。錦囊詩草勤收拾，莫遣雞林得夜光。[33]

「錦囊」句下宋人施元之注曰：「唐〈李賀傳〉：每旦出，從小奚奴，背古錦囊，遇所得投囊中，未嘗先立題，然後為詩。」[34] 又如陳師道〈寄寇十一〉詩云：

> 鄰里相望信不通，時因得句寄忽忽。畫樓著燕春風裏，楊柳藏鴉白下東。度日守窗令節換，經旬無使覺門空。錦囊佳麗鄰徐庚，謄欲同君賦惱公。[35]

33 〈次韻王晉卿奉詔押高麗宴射〉，見馮應榴輯注，黃任軻、朱懷春校點：《蘇軾詩集合注》（上海：上海古籍出版社，2001），頁 1858。

34 同上註。

35 〈寄寇十一〉，見《後山詩注》，頁 190。

任淵注曰：「『錦囊』用李賀事。」[36]

南宋時期，陸游（1125－1210）的詩作中也經常出現對「詩囊」典故的運用。其詩〈遊修覺寺〉云：「上盡蒼崖百級梯，詩囊香椀手親攜」，[37]以表示修覺寺景色蒼勁優美，引人詩意盎然。〈晚歸〉詩曰：「無事經秋別鏡湖，詩囊隨處累奚奴」，[38]「詩囊」、「奚奴」明顯化用了前人為李賀作傳的內容。又如〈春日雜賦〉（其二）詩曰：「退紅衣焙熏香冷，古錦詩囊覓句忙」、[39]〈初春幽居〉（其二）詩曰：「風光未忍輕拋擲，聊付詩囊與酒巵」，[40]〈小霽乘竹輿至柳姑廟而歸〉云：「感物興懷空絕嘆，才衰無語付詩囊」[41]等等。據筆者初步統計，陸游詩中使用「錦囊」、「詩囊」為典故約有近四十處。

---

36 〈寄寇十一〉，見《後山詩注》，頁 190。

37 〈遊修覺寺〉，見錢仲聯校注，《劍南詩稿校注》（上海：上海古籍出版社，1985），卷 4，頁 392。

38 〈晚歸〉，見《劍南詩稿校注》，卷 52，頁 3078。

39 〈春日雜賦〉（其二），見《劍南詩稿校注》，卷 65，頁 3703。

40 〈初春幽居〉（其二），見《劍南詩稿校注》，卷 70，頁 3888。

41 〈小霽乘竹輿至柳姑廟而歸〉，見《劍南詩稿校注》，卷 81，頁 4360。

戴復古（1167－1248）詩作中亦有十餘處使用了李賀「古錦囊」的典故，如〈送吳伯成歸建昌二首〉（其二）詩云：「多年入詩社，錦囊貯清新」，[42]〈新喻縣蘇晉叔相會〉詩云：「買錦囊詩卷，典衣供酒錢」，[43]〈書事〉補注云：「手拍錦囊空得句，眼看檀板遇知音」，[44]〈次韻谷口鄭東子見寄〉詩云：「閉門覓句飯牛翁，囊有新詩不怕窮」，[45] 又如「奚奴逐後背錦囊，木杪斜陽鴉噪晚」，[46]「飽吃梅花吟更好，錦囊雖富不傷廉」，[47]「錦囊佳句無人問，自別君來白盡頭」，[48]「錦囊言語雖奇絕，不是人間有用詩」[49] 等句。由此可

42 〈送吳伯成歸建昌二首〉（其二），見吳茂雲、鄭偉榮校點：《戴復古集》（杭州：浙江大學出版社，2012），卷1，頁11。

43 〈新喻縣蘇晉叔相會〉，見《戴復古集》，卷2，頁63。

44 〈書事〉，見《戴復古集》，卷3，頁96。

45 〈次韻谷口鄭東子見寄〉，見《戴復古集》，卷7，頁249。

46 〈儒衣陳其姓，工於畫牛馬魚，一日持六幅為贈以換詩〉，見《戴復古集》，卷1，頁30。

47 〈杜子野主簿約客賦一詩為贈，與僕一聯云：生就石橋羅漢面，吟成雪屋閬仙詩〉，見《戴復古集》，卷6，頁180。

48 〈寄廣西漕陳魯叟詰院〉，見《戴復古集》，卷6，頁213。

49 〈昭武太守王子文，日與李賈、嚴羽共觀前輩一兩家詩及晚唐詩，因有論詩十絕，子文見之，謂無甚高論，亦可作詩家〈小學須知〉〉，見《戴復古集》，卷7，頁262。

見，在南宋時期，李賀「古錦囊」的典故已經在詩歌創作中得到了廣泛的應用，「古錦囊」的內在含義已經相對固定，不僅象徵着詩人苦吟煉句、潛心創作的詩學精神，同時也暗含着對李賀詩歌成就的認可。作為詩人外在的具體形象與生活方式，「古錦囊」以實體化的符號將詩人本身與抽象的文學理想相勾連，「古錦囊」的使用為後世文人實現其詩學理想與文學成就提供了一個可以踐行的創作方法。

2. 李賀的形象與圖像

除了「古錦囊」作為李賀人間形象的典型標籤，對李賀外貌特徵的具體描寫也是李賀形象的重要組成部分。李商隱〈李長吉小傳〉中描繪了李賀異於常人的外形：「長吉細瘦，通眉，長指爪，能苦吟疾書。」[50] 李商隱對李賀外形的描述，多源於李賀本人的自我書寫——其在詩作中多次描述了自己的外貌與生活細節。如〈昌谷讀書示巴童〉與〈巴童答〉二詩，通過描繪主僕之間的對話場景，勾勒出了李賀病弱憂

50 〈李長吉小傳〉，見《三家評注李長吉歌詩》，頁 13。

愁、師心苦吟的詩人形象。〈昌谷讀書示巴童〉詩云：「蟲響燈光薄，宵寒藥氣濃。君憐垂翅客，辛苦尚相從。」[51]〈巴童答〉詩云：「巨鼻宜山褐，龐眉入苦吟。非君唱樂府，誰識怨秋深？」[52] 此二首詩為元和四年（809）李賀落第歸家居昌谷讀書時所作。「宵寒藥氣濃」說明此時天氣寒冷、李賀染疾，又逢應試不第，失意愁苦、前途無光，而巴童仍然跟隨左右，李賀心生感慨，一片主僕情深，感人肺腑。〈巴童答〉以巴童視角，描繪了主人李賀「巨鼻」、「通眉」的外貌特徵，「苦吟」、長於「樂府」便是詩人的生活常態。又如〈高軒過〉詩云：「龐眉書客感秋蓬。」[53]〈傷心行〉云：「病骨傷幽素」，「秋姿白髮生」。[54]〈詠懷二首〉（其二）云：「日夕著書罷，驚霜落素絲。鏡中聊自笑，詎是南山期。頭上無幅巾，苦蘗已染衣。不見清溪魚，飲水得相宜。」[55]〈出城〉詩云：「關水乘驢影，秦

51 〈昌谷讀書示巴童〉，見《李長吉歌詩編年箋注》，頁68。
52 〈巴童答〉，見《李長吉歌詩編年箋注》，頁69。
53 〈高軒過〉，見《李長吉歌詩編年箋注》，頁87。
54 〈傷心行〉，見《李長吉歌詩編年箋注》，頁730。
55 〈詠懷二首〉（其二），見《李長吉歌詩編年箋注》，頁65。

風帽帶垂。」[56] 李賀的詩歌世界映射了詩人強烈的個人意識，透過詩人不同角度的自述，「巨鼻」、「通眉」、「體弱多病」、「少年白髮」、「騎驢」、「戴帽」成為了李賀形象的固定標簽，他在很大程度上參與了其自身形象的建構，並直接影響了後世對其形象的接受。

李賀本人的自我建構，為其形象圖像化提供了模板。李賀的畫像多出自清人之手，如上官周（1665－1752）所撰《晚笑堂竹莊畫傳》，明顯保留了李賀「巨鼻」、「龐眉」、「通眉」的外形特徵。[57] 但早在北宋時期，便已經有將李賀作為具體形象，以其生活經歷為主題的畫作出現。宋宗室趙士暕（生卒年不詳），字明發，其畫作〈高軒過圖〉為兩宋時期文人密切關注。僧道潛（1043－1106）作〈觀明發畫李賀高軒過圖〉詩云：

唐年茂宗枝，時平多俊良。長吉尤震

56 李賀：〈出城〉，見《李長吉歌詩編年箋注》，頁 45。

57 上官周：〈李長吉像〉，見《晚笑堂竹莊畫傳》（天津：天津古籍出版社，2011），第 2 冊，頁 13。

曜，春林擢孤芳。退之于孔門，屹屹真棟樑。筆力障百川，風瀾息共狂。破衣繫麻鞵，右顧生輝光。一朝與湜輩，命駕驚煌煌。賀初為兒童，隨父事迎將。須臾命賦詩，英氣加激昂。長安眾詞客，聲問爭推揚。風流垂異代，尚想古錦囊。君今亦宗英，韻勝斯人方。少年肯事事，苦學志獨強。風騷擬屈宋，妙處相頡頏。丹青出戲弄，配古猶擅場。形容示往事，彷彿如在旁。一徑入幽遠，古垣繚林莊。平橋跨綠水，薄叢含蔥蒼。晴窗為披拂，佳興杳難忘。[58]

陳師道作〈題明發高軒過圖〉云：

滕王蛺蝶江都馬，一紙千金不當價。異才天縱非力能，畫工不是甘為下。今代

58 道潛：〈觀明發畫李賀高軒過圖〉，見《三家評注李長吉歌詩》，頁 17。

> 風流數大年，含毫落筆開山川。忽忘朽老壓塵底，卻怪梟鴻墮目前。爾來八二復秀出，萬里河山才咫尺。眼前安得有突兀，復似天地初開闢。明窗寫出高軒過，便逐愈湜聞吟哦。晚知書畫真有益，卻悔歲月來無多。官禁修嚴斷過訪，時于僻寺逢稅鞅。秀潤如行琮璧間，清明似引星辰上。憂悲愉佚百不平，河擘太華東南傾。平生秀句寰區滿，掇拾餘棄成丹青。平湖遠嶺開精神，斗覺文字生清新。未許二豪今角立，要知旁有衛夫人。[59]

羅時進認為：「詩人崇拜的心理的形成需要一個積澱的過程，而以繪像表達崇拜情感，必在詩人的『聲名』達到相當高的程度，具有了記憶與紀念價值時」，而「宋代唐人圖像的形成與流傳與唐代詩人的

59 〈題明發高軒過圖〉，見《後山詩注》，頁 234－235。

知名度、受崇敬度是相應的。」[60] 趙士暕以李賀「高軒過」一事入畫，可見李賀的生平事跡以及詩名在北宋時期已經具有很高的接受度。此二首題畫詩的出現，不僅表達了對李賀少年成名、詩才卓顯的認可與讚揚，更加速了李賀「高軒過」一事在兩宋時期的傳播，進一步提高了李賀詩名在兩宋時期的接受程度。又如宋人徐俯（1075－1141）作〈李賀晚歸圖〉云：

> 近代推名畫，諸君作薦書。皇都開藝學，博士是新除。高柳長安道，亂雲昌谷居。丹青聊置此，僕馬晚歸歟。[61]

元人劉因（1249－1293）作〈李賀醉吟圖〉云：

> 赤虬翩翩渺無聞，望之不見矧可親。浮世浮名等濁溷，眼中擾擾投詩人。心肝

60 羅時進：〈宋代圖像傳播對唐代詩人與作品的經典化形塑〉，《文學遺產》，2018 年第 6 期，頁 71－84：其中頁 73、75。

61 徐俯：〈李賀晚歸圖〉，見《三家評注李長吉歌詩》，頁 17。

> 未了人間春，龐眉尚作哦詩顰。太平瑞物不易得，昌黎仙人掌中珍。北風蕭蕭吹野麟，千年淚雨埋青雲。乾坤清氣老不死，丹鳳再來須見君。[62]

我們無緣看到此三幅圖畫中的的李賀形象，但根據上官周〈李長吉像〉中明顯保留的李賀外形特徵，可以猜想，畫作中的李賀形象不會有太大的出入，這正是詩人對其形象自我建構的功勞。詩人的自我建構，在其形象以及作品經典化的過程中，為一代又一代讀者的閱讀與接受提供了極大的助力。

3. 詩人形象與李賀之「奇」

「古錦囊」標簽的形成過程與李賀詩歌詩理之「奇」密切相關。首先，「古錦囊」實際上代表着李賀「先得一句，而後綴句成篇」的詩歌創作方法，「古錦囊」創作法或為引發對李賀詩歌之「理」的討論的直

---

62 〈李賀醉吟圖〉，見商聚德點校：《劉因集》（北京：人民出版社，2017），卷 3，頁 51。

接原因。

第一，在「古錦囊」的敍事中，李賀常在外遊之時尋覓詩思，得出一句便停止創作，待回家之後再根據此句將整篇詩作完成。這樣的創作方法一定程度上會導致詩句之間的斷裂感，有損詩篇內部的連續性與整體性。在李賀詩歌的閱讀與接受時過程中，認為李賀詩歌缺少作詩的規章法則，即缺少「文理」，便是出於對「古錦囊」作詩法的質疑[63]。

第二，「古錦囊」是苦吟精神的象徵，代表着詩人嘔心瀝血、深加鍛煉的詩學理想。李賀詩中複雜堆疊的典故與意象，幽深詭譎的氛圍與風格，以及對特定用字的頻繁使用，都是其苦吟深思，煉字琢磨的成果，造就了李賀詩歌曲折深拗、不易讀懂的特點。然則不同時期的文學思潮與審美標準不盡一致，對「苦吟」的標準也存在一定差異，對李賀詩歌「雕琢」、「巧」、「不正」的批評也相應而生。同時，由於大量

63 對李賀詩歌「無理」、「少理」的相關論述，詳情參見筆者的博士論文中的第六章〈辨「理」:「少理」與「理外之理」〉，見韋禕：《李賀閱讀與接受研究：以「奇」為中心》（香港城市大學博士學位論文，2020），頁142－156。

用事、用典以及鋪陳意象，也引起了關於李賀詩歌缺少「事理」的討論。需要注意的是，「古錦囊」標簽的形成與傳播，實際上擴大了對李賀特殊的作詩方法的宣傳。「古錦囊」既是引發批評賀詩「無理」、「少理」的源頭，但也是對其詩歌之奇的另一種解讀，即暗指李賀特殊的做詩方法是其詩晦澀難讀的原因，並試圖為如何解讀李賀詩歌提供了切實可行的解決思路。

其次，李賀在詩歌中塑造的自我形象，符合文學傳統中「奇人」的人物設定。李賀「通眉」、「龐眉」、「巨鼻」、「少年白髮」、「長指爪」等外形特徵殊於常人，在《莊子》、《楚辭》、《史記》以及樂府、傳奇中，我們都能看到與之相似的奇人異士的影子。例如《莊子》中的哀駘它、闉跂支離無脤、甕盎大癭[64]，奇異、甚至醜陋的外貌常與超拔卓群、睥睨世俗的奇崛人格相伴出現，「奇人」本身就是高潔奇拔、狂狷反俗精神的代表，這與李賀本人的人格特徵也是相互契

64 王先謙撰：《莊子集解．德充符》（北京：中華書局，1987），頁 47－54。

合的。我們可以猜想，李賀在進行自我形象塑造的過程中，或有意識地建構了自己「奇人」的詩人形象；而這一詩人形象，也在後世文人不斷的閱讀與接受中逐漸固化，並成為經典。

六、結語

李賀的詩歌作品為其形象的建構提供了藍本與模板，「文學的經典化，是由一種重點性、持續性的重讀與重寫、記憶與再現行為形成的」。[65] 通過文學作品，李賀神話傳說中的仙人身份（「文學形象」）與現實生活中的詩人身份（「生活形象」）合二為一，共同組成了李賀的主體形象——「天上的李賀」與「人間的李賀」在後世歷代文人的不斷閱讀、接受與應用中逐漸固化並成為經典。羅時進指出：

> 經典，不是冊封的，也不是命名的，而是歷史發展中形成的普遍認同。從本質

65 羅時進：〈宋代圖像傳播對唐代詩人與作品的經典化形塑〉，頁71－84；其中頁71。

> 主義經典化理論和建構主義經典化理論雙重視角來看，唐人與唐詩成為中國文學史、文化史上經典之可能，本質上是其客觀、潛在的經典特質所決定的，但某種精神潛能、美學特質被激活，最終形塑為經典，則有待許多傳播事件的發生。一旦形成連續性的事件，便使一部分唐代詩人、唐詩作品進入傳世體系的中心，由此建構起經典地位。[66]

作為唐代的重要詩人，李賀的詩歌繼承了自先秦兩漢以來深厚的文學傳統，並在中唐尚奇的歷史環境中形成了極具特色的、以「奇」為核心的藝術風格。回顧李賀形象的經典化過程，其由原始文本中的語言符號逐步轉化為圖形符號，即從抽象的語言描述階段過渡到相對具象的形象確立階段，在經過固化後，重新以文學典故的形式投入新的文學創作之中，並再次以語言符號的形式，進入讀者的閱讀與接受視野。李

66　同上註，頁 83。

賀詩歌「奇」的美學特質在其作品不斷的閱讀與接受活動中被激活，並作為根本動力，推進了李賀形象的經典化。

徐志摩對喬伊斯的評介及其影響：從《尤利西斯》第一版的中國訂單説起

湯

一、引言

1922 年 2 月 2 日，《尤利西斯》（*Ulysses*）在莎士比亞書屋（Shakespeare Company）出版，第一版限量發行 1000 冊。[1] 然而卻出人意表，該書屋居然接到一筆來自中國的訂單。喬伊斯（James Joyce，1882－1941）曾興奮地將這一消息告訴其資助人，《自我主義者》（*The Egoist*）雜誌編輯韋弗（Harriet Shaw

* 湯逸琳，香港城市大學中文及歷史學系博士研究生。本文原刊《新文學史料》，2022 年第 1 期，頁 111－117。

1 普林斯頓大學圖書館保存了貝奇女士（Sylvia Beach）1872－1999 手稿（C0108），其中有關於《尤利西斯》詳細的顧客訂單記錄（Ulysses Subscribers）。詳見於網站 https://findingaids.princeton.edu/collections/C0108/c00753（檢索日期：2024 年 8 月 17 日）。

Weaver，1876－1961）女士。[2] 而這也引出《尤利西斯》所代表的西方現代文學進入中國的一段佳話，其中徐志摩（1897－1931）對喬伊斯的評價及其影響，可能特別值得回味。

因此，本文將從「《尤利西斯》第一版的中國訂單」入手，概要追溯《尤利西斯》與中國的淵源，深入考察喬伊斯及其作品在中國最早的評介文字，並嘗試梳理和考證徐志摩評介喬伊斯及其作品《尤利西斯》的緣由，略微闡發徐志摩推介喬伊斯及《尤利西斯》在中國所產生的影響。本文希望通過粗疏的討論，能為中國學界對喬伊斯及其作品在中國的早期評介活動提供一些重要的史料，或有助於推進喬伊斯及其作品在中國的譯介研究。[3]

---

2 Di Jin, *Shamrock and Chopsticks: James Joyce in China* (Hong Kong: City University of Hong Kong Press, 2001), p. 15。另參見張雨的博士論文：〈奧德修斯之旅：喬伊斯在中國〉（四川大學博士論文，2009），頁 50。

3 陸建德的〈「圖書的股票交易所」── 從《尤利西斯》的發行看文學的經營〉一文主要探討《尤利西斯》的發行策略，在文末追溯到徐志摩對喬伊斯的評介。陸建德的文章雖然並非專門追溯喬伊斯在中國的譯介進程，但其中關於《尤利西斯》的出版、喬伊斯寫給韋弗的信、徐志摩的評介文字、徐志摩究竟有沒有認真讀完《尤利西斯》的猜測等都為本文的研究提供了線索。詳見陸建德：〈「圖書的股票交易所」── 從《尤利西斯》

二、喬伊斯及其作品在中國的最早評介

關於《尤利西斯》中國訂單的買主，筆者在查閱貝奇（Sylvia Beach，1887－1962）女士 1922－

的發行看文學的經營〉，《世界文學》，1997 年第 5 期，頁 284－301。王友貴的〈喬伊斯在中國：1922－1999〉是喬伊斯在中國的接受史研究中最早和較為詳實的一篇論文，追溯和描述了喬伊斯在 20 世紀中國的譯介和研究狀況，在研究材料上有新的突破，並開始關注《現代》、《文藝月刊》、《西洋文學》等雜誌對喬伊斯的推介，但缺少深層次的分析，同時也並未留意《尤利西斯》在中國的訂單。參見王友貴：〈喬伊斯在中國：1922－1999〉，《中國比較文學》，2000 年第 2 期，頁 79－91。《尤利西斯》的中譯者之一金隄在《三葉草與筷子》（*Shamrock and Chopsticks*）第一章中回顧了喬伊斯在中國的接受與研究歷程，並提到莎士比亞書店曾收到一筆來自中國的訂單，但對於這筆訂單並沒有細究。另外，該書也僅介紹和分析徐志摩和周立波二人的早期評介文字。《尤利西斯》的另一位中譯者文潔若在論文〈喬伊斯在中國〉中探究了徐志摩與喬伊斯的深層次關聯，並追溯喬伊斯與曼斯菲爾德夫婦的交往。金隄和文潔若的文章為本文的研究提供了初步的材料依據。參見 Di Jin, *Shamrock and Chopsticks: James Joyce in China*；文潔若：〈喬伊斯在中國〉，《魯迅研究月刊》，2007 年第 6 期，頁 12－13。

郭戀東的博士論文〈論中國現代文壇對『意識流』的接受〉有討論五四以來中國文壇對喬伊斯的譯介過程，但因篇幅有限，並未對喬伊斯進行詳細分析和闡釋，只涉及到創作技巧和創作思想兩個方面。參見郭戀東：〈論中國現代文壇對『意識流』的接受〉（復旦大學博士論文，2006）。張雨的博士論文〈奧德修斯之旅：喬伊斯在中國〉初步勾勒出喬伊斯在中國的接受脈絡（1922－2008），梳理了喬伊斯在中國的譯介過程，為本文的研究提供了直接相關的材料和線索；遺憾的是，作者並沒有深入

1924 的原手稿訂單記錄（Order Forms）時，[4] 發現上述中國訂單的購買單位是法文圖書館（La Librairie Française）。該圖書館位於北京飯店內，是由法國商人魏池（Francis Vetch，1862－1944）創辦，主要進行圖書銷售與借閱、圖書出版、代售與代購三項業務。當時不少中國著名文人，特別是曾於海外留學的學者如胡適（1891－1962）、吳宓（1894－1978）、辜鴻銘（1857－1928）等人，都是該店的常客。此外，還有一些來華的漢學家和國內機構的研究員，也與該

挖掘徐志摩推介喬伊斯背後的深層原因。此外，蔡思鵬、孫會軍、戴從容等人的研究都從不同角度關注喬伊斯在中國的譯介進程，為本文的研究提供了直接相關的材料和線索。但上述的研究基本上還停留於對基礎材料的梳理與介紹，因此本文想在前人研究的基礎之上，關注徐志摩對喬伊斯的早期評介文字，試圖梳理並還原中西文學傳播的這段佳話及意義。

4　根據 1922 年 12 月 9 日喬伊斯與西爾維婭·貝奇女士簽訂的合同規定，喬伊斯同意貝奇保留《尤利西斯》在全球的獨家印刷和銷售權。因此，《尤利西斯》的出版、發行及銷售信息都可依據莎士比亞書屋的通信記錄，參見網站 https://findingaids.princeton.edu/catalog/C0108_c00785（檢索日期：2024 年 8 月 17 日）。另外，紐約州立大學布法羅分校圖書館建有 James Joyce catalogue，其中收錄並保存着喬伊斯本人的作品集以及喬伊斯與 Sylvia Beach、Lucia Joyce 等人的通信檔案，詳細請參見網站 https://library.buffalo.edu/jamesjoyce/。

店保持密切的聯繫。[5] 由於法文圖書館沒有關於這筆訂單的文字記錄，所以無法查實《尤利西斯》十套限量版訂單的具體買主信息。但是，《尤利西斯》的中譯者之一金隄猜測，辜鴻銘可能是買主之一。[6] 雖無法考證出這筆訂單買主的詳細信息，但從莎士比亞書屋收到中國訂單這一消息來看，當時國內已經有人關注喬伊斯的作品。

1922 年 11 月，沈雁冰（1896－1981）在《小說月報》第 13 卷第 11 號的「海外文壇消息」專欄中，首次向國內讀者介紹喬伊斯及其新作《尤利西斯》：

> 現代英國和美國的批評家對於某種文藝作品的意見很不能一致：這是我早已說過的了。新近喬安司（James Joyce）的

5　學界關於北京法文圖書館的研究相對較少，相關資料可以參見易永誼：〈魏池、魏智對北平漢學的貢獻〉，《國際漢學》，2016 年第 1 期，頁 67－68；雷強：〈亨利 · 魏智及其北京法文圖書館〉，《圖書資訊學刊》第 11 卷第 2 期（2013），頁 149－194；Arthur Wright, "Sinology in Peiping 1941-1945", *Harvard Journal of Asiatic Studies*, Vol.9, No.3/4（1947）, pp. 315-372.

6　Di Jin, *Shamrock and Chopsticks: James Joyce in China*, p. 15.

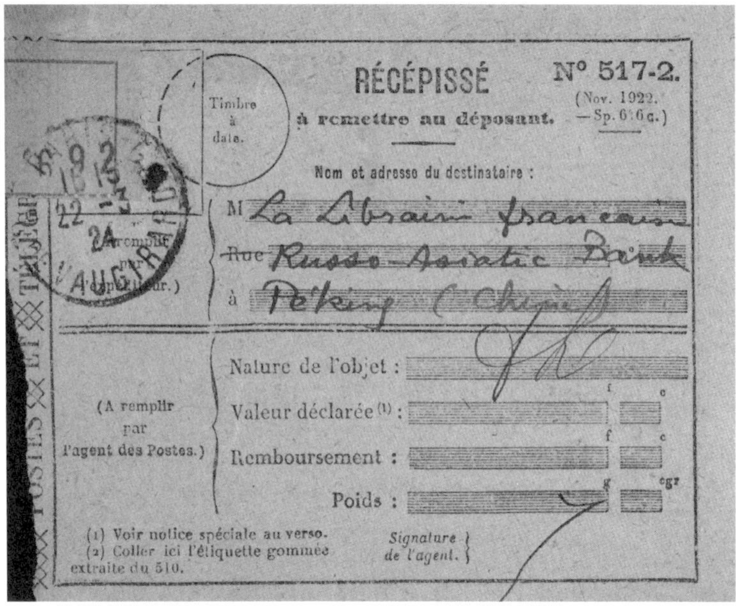

Timbre à date.

RÉCÉPISSÉ
à remettre au déposant.

N° 517-2.
(Nov. 1922. —Sp. 6:6 c.)

(A remplir par l'expéditeur.)

Nom et adresse du destinataire :

M La Librairie française

Rue Russo-Asiatic Bank

à Péking (Chine)

(A remplir par l'agent des Postes.)

Nature de l'objet :

Valeur déclarée (1) : f c

Remboursement : f c

Poids : g cgr

Signature de l'agent.

(1) Voir notice spéciale au verso.
(2) Coller ici l'étiquette gommée extraite du 510.

POSTES ET TÉLÉGRAPHES

圖 1：北京法文圖書館訂單記錄（Sylvia Beach Papers 1872-1999, Special Collections, Princeton University Library，見 https://findingaids.princeton.edu/catalog/C0108_c00785）

"Ulysses"單行本出世，又顯出了兩方面的不一致。喬安司是一個標準「大大主義」的美國新作家。"Ulysses"先在《小評論》上分期登過；那時就有些「流俗的」讀者寫信到這自號為「不求同於流俗之嗜好」的《小評論》編輯部責問，並且也有謾罵的話。然而同時有一部分的青年卻熱心的讚美這本書。英國的青年對於喬安司亦有好感；這大概是威爾士盛讚"A Portrait of the Artist as a Young Man"（亦喬氏著作，略早於 Ulysses）的結果。可是大批評家培那（Arnold Bennett）新近做了一篇論文，對於 Ulysses 很不滿意了。他請出傳統的「小說規律」來，指 Ulysses 裏面的散漫的斷句的寫法為不合體裁了。雖然他也說「此書最好的幾節文字是不朽，」但貶多於褒，終不能說他是贊許這部「傑作」。（法國現代批評家 Valéry Larbaud 曾在《法國小說評論》——歐陸最有名的文學評論雜誌——上作一篇介紹喬安司的論文，卻極力讚美；以無關本文，故從略）。[7]

從這段文字中可以發現，沈雁冰誤將喬伊斯當作「美國新作家」和達達主義的代表人物。由此可見，沈雁冰對喬伊斯不是很熟悉，這段文字也僅是引述和翻譯海外文壇對喬伊斯及其作品的評價，並未提出自己的觀點。

1923 年 7 月 7 日，徐志摩在上海《時事新報》副刊《學燈》上刊載其創作的新詩〈康橋西野暮色〉（見圖 2），並在前言中提及喬伊斯及其作品《尤利西斯》。這可能是喬伊斯進入中國的真正起點。徐志摩寫道：「我常以為文字無論韻散的圈點，並非絕對的必要。」[8] 之後他便以愛爾蘭作家喬伊斯的創作為例，說明不是所有的文學寫作都要有標點，這也算是交代其開始創作無標點新詩的原因。這篇文章一刊登，便引起學界對其創作無標點詩歌的關注和討論。1923

7　沈雁冰：〈海外文壇消息〉，載於《小說月報》第 13 卷第 11 號，1922 年 11 月。

8　徐志摩：〈康橋西野暮色〉，載於《時事新報》副刊《學燈》，1923 年 7 月 7 日。

年 7 月 13 日，北京《晨報副鐫》發表十地的〈廢新圈點問題〉[9] 和松年的〈圈點問題的聯想〉[10]，他們都關注和討論文章的圈點問題。[11] 7 月 18 日《晨報副鐫》又刊出黃汝翼的〈廢棄新圈點問題〉[12]，主要就標點問題與徐志摩進行商榷。綜上所述，當時文壇關注的焦點主要集中在徐志摩的「無標點」詩歌創作上，而忽略了徐志摩對喬伊斯及其新作的評介文字。

徐志摩在〈康橋西野暮色〉的前言中寫道：

> 還有一位愛爾蘭人叫做 James Gorce[13] 他在國際文學界的名氣，恐怕和藍寧在國際政治界上差不多，一樣的受人崇拜，受人攻擊。他五六年前出了一部 *The Portrait*

9 十地：〈廢新圈點問題〉，載於《晨報副鐫》，1923 年 7 月 13 日。

10 松年：〈圈點問題的聯想〉，載於《晨報副鐫》，1923 年 7 月 13 日。

11 參見韓石山，《徐志摩圖傳》（廣州：廣東教育出版社，2005），頁 75－76。

12 黃汝翼：〈廢棄新圈點問題〉，載於《晨報副鐫》，1923 年 7 月 18 日。

13 應為 James Joyce。

康橋西野暮色　徐志摩

我常以爲文字無論韻散的圈點並非絕對的必要。我們口裡說筆上寫得清利曉暢的時候段落語氣自然分明何必多添枝葉去加點畫，近來我們崇拜西洋了，非但現在做的文字都要循規道矩，應用「新

圖 2：1923 年 7 月 7 日，徐志摩於《學燈》發表〈康橋西野暮色〉。

> *of an Artist as Yung Men*[14]，獨創體裁，在散文裏開了一個新紀元，恐怕這就是一部不朽的貢獻。他又做了一部書叫 Ulysses，英國美國誰都不肯不敢替他印，後來他自己在巴黎印行。這部書恐怕非但是今年，也許是這時期裏的一部獨一著作。他書最後的一百頁（全書共七百幾十頁）那真時純料的「Prose」。像牛酪一樣潤滑，像教堂裏石壇一樣光澄，非但大寫字母沒有，連』，。：；？：—— ——；—— ——！（』等可厭的符號一齊滅跡，也不分章句篇節，只有一大股清利浩瀚的文章排矗而前，像一大疋白羅披瀉，一大捲瀑布倒掛，絲毫不露痕跡，真大手筆！[15]

徐志摩的評介文字雖然簡短，卻也包含了一些信息：從中可以看出，徐志摩是欣賞喬伊斯的創作風

14 應為 A Portrait of the Artist As a Young Man。

15 徐志摩：〈康橋西野暮色〉。

格，即沒有標點、沒有空格。徐志摩稍後指出，或許他引用的這些文字，如像一大疋白羅披瀉、一大卷瀑布倒挂等，似乎還不能夠精准說出喬伊斯原文的奧妙之處。[16] 以現代的眼光來看，徐志摩在 1923 年對《尤利西斯》及喬伊斯的評介也屬難能可貴。

但在這段文字裏可以發現徐志摩的一個小小疏漏：1922 年出版的這套《尤利西斯》，最後一章總共是四十多頁，[17] 並不是徐志摩所寫的一百多頁，而且最後一章也是有分段的。[18] 筆者猜測徐志摩可能沒有仔細閱讀完 1922 年巴黎莎士比亞書屋發行的《尤利西斯》，只是粗略閱讀，或是在英期間聽到其他人對此書的介紹。但這又與徐志摩隨後刊載在《晨報副鐫》上的文章〈一封公開信〉的內容不符，其中提到他是閱讀過《尤利西斯》的。[19] 此外，徐志摩創作的

16 徐志摩：〈一封公開信〉，載於《晨報副鐫》，1923 年 7 月 22 日。

17 根據 *Ulysses*1922 的電子版可知最後一章 Penelope 為 42 頁。參見網站 https://en.wikisource.org/wiki/Ulysses_(1922)/Chapter_18（檢索日期：2022 年 8 月 9 日）。

18 參見戴從容：〈當代愛爾蘭文學翻譯模式的變化：以詹姆斯．喬伊斯為例〉，載於《東方翻譯》，2021 年第 1 期，頁 4。

19 徐志摩：〈一封公開信〉。

詩歌〈康橋西野暮色〉和短篇小說似乎已經開始受到喬伊斯創作風格（無標點、注重心理描寫）的影響。所以進一步探究徐志摩了解喬伊斯及其作品《尤利西斯》的途徑，顯得尤為必要。

三、徐志摩介紹喬伊斯的緣由

筆者試圖從徐志摩所撰寫的文章，了解徐志摩留學英國的原因，及其在英國期間與他人的交往狀況，並以此作為依據，考察徐志摩對喬伊斯及《尤利西斯》的評介。

徐志摩在美國留學期間深受羅素（Bertrand Russell，1872－1970）影響，決意赴英「跟從羅素」學習。他在其所寫的散文〈我所知道的康橋〉中明確指出：「我到英國是為要從羅素。」[20] 1920 年 9 月 20 日，他乘船離開美國，前往英國去尋找羅素。但不巧的是，羅素此時正在中國講學。滿懷希望而去的徐志摩深感失望，經過考慮後，只好申請進入倫敦大學政治經濟學院（The London School of Economics and

20　徐志摩：〈我所知道的康橋〉，《晨報副刊》，1926 年 1 月 16 日。

Political Science），跟隨拉斯基教授（Harold Laski，1893－1950）學習政治經濟學，擬攻讀博士學位。但他的興趣實不在此，因此在這所學院待了半年後，便「悶想換路走」。[21] 他在林徽因父親林長民的介紹下，結識了英國作家狄更生（Goldsworthy Lowes Dickinson，1862－1932）。[22] 在狄更生的推薦下，徐志摩得以進入劍橋大學國王學院（King's College, Cambridge University）當特別生，可以隨意選課。[23] 由此開啟了徐志摩在劍橋的生活。

徐志摩在英期間，與穆雷 (John Middleton Murry，1889－1957)、曼斯菲爾德（Katherine Mansfield，1888－1923）夫婦交往密切。[24] 他在 1922 年最先認識的是倫敦《雅典娜》(Athenaeum) 雜誌的主編兼文藝

---

21 徐志摩：〈我所知道的康橋〉。

22 狄更生是劍橋大學政治學系的講師，主講政治學和國際關係，同時也是一名作家。

23 高偉：《翻譯家徐志摩研究》（南京：東南大學出版社，2009），頁 45。

24 關於徐志摩與曼斯菲爾德夫婦的交往經歷，參見文潔若：〈喬伊斯在中國〉。

評論家穆雷。[25] 1922 年 7 月的一天，徐志摩和穆雷在倫敦一家嘈雜的 A.B.C. 茶店裏討論英法文壇的狀況，徐志摩說起近幾年中國文藝復興的趨向，在小說裏感受俄國作家的影響最深。穆雷深有同感，並說他們夫婦最崇拜俄國作家契訶夫等人。談話結束時，徐志摩問起了曼斯菲爾德的近況，穆雷給了徐地址，請徐星期四晚上去會見曼斯菲爾德和他們的朋友。[26] 根據徐志摩的描述：「去年七月中有一天晚上，天雨地濕……他們在彭德街的寓所，很不容易找，(倫敦尋地方總是麻煩的，我恨極了那個迴街曲巷的倫敦。) 後來居然尋着了，一家小小一樓一底的屋子，麥雷出來替我開門，我頗狼狽的拿着雨傘，還拿着一個朋友還我的幾卷中國字畫。」[27] 徐志摩與曼斯菲爾德同坐在

---

25 通譯約翰．米德爾頓．默里（1889－1957），英國詩人，評論家，曼斯菲爾德的丈夫。1922 年，穆雷曾在《國民》(*The Nation*) 雜誌上發表了一篇關於《尤利西斯》的書評，喬伊斯本人也於 1922 年 3 月底登門拜訪穆雷夫婦。而徐志摩對穆雷夫婦的探訪正是在他們與喬伊斯會談之後的兩個月。

26 參見徐志摩：〈曼殊斐兒〉，載於《小說月報》第 14 卷第 5 號，1923 年。

27 同上註。

藍絲絨的榻上，探討英國當時最風行的幾個小說家的批評、中國的詩詞、中國譯介契诃夫的小說等話題，這次談話給徐志摩留下了深刻的印象。[28] 徐志摩其後在哀悼曼斯菲爾德的詩中提道：「我與你雖僅一度相見——但那二十分不死的時間。」[29] 也正是在與穆雷夫婦交談時，提及喬伊斯及其新作《尤利西斯》。曼斯菲爾德沒想到，這個比她年輕的中國來客，也跟她一樣欣賞《尤利西斯》。[30] 至於談話的具體內容無法一一得知，但通過徐志摩於 1923 年所寫的〈曼殊斐兒〉一文，可以適當還原或回顧當時談話的主要內容。[31]

與穆雷夫婦的交往不能完全解釋徐志摩評介喬伊斯及《尤利西斯》的深層緣由。筆者還試圖從徐志摩本人出發，去探究某些更深層次的原因。

---

28 同上註。

29 徐志摩：〈哀曼殊斐兒〉，載於《努力周報》，1923 年 3 月 18 日，第 44 期。

30 文潔若：〈喬伊斯在中國〉。

31 徐志摩：〈曼殊斐兒〉。

徐志摩非常喜歡閱讀小說，並且對文學作品有着特有的敏感度。他在英國留學期間，就密切關注西方文壇，並從事過大量的文學評介和翻譯工作，很多西方作家[32]都是由他首次介紹到中國。郁達夫（1896－1945）在〈志摩在回憶裏〉一文中說，徐志摩早在杭州第一中學就讀時就是一個小說迷。[33]《尤利西斯》1922年由莎士比亞書屋出版時，顧客名單中有許多是來自英國的 Cambridge, Oxford, Glasgow 等地，其中 Heffer W. & Sons, Booksellers 書店購買了一本，而該書店位於劍橋大學三一學院（Trinity College）旁。[34]這對於當時正在劍橋留學、熱切關注文壇信息、喜愛閱讀小說且對西方文學作品有着敏感度和獨特眼光的徐志摩來說，了解《尤利西斯》並不是難事。這與徐志摩的文章〈一封公開信〉中的內容可以互為印證：

---

32 其中包括喬伊斯、曼斯菲爾德、哈代（Thomas Hardy）、勞倫斯(D. H. Lawrence) 等。

33 郁達夫：〈志摩在回憶裏〉，載於《新月》，第4卷第1期，1931年。

34 除此之外，Emmanuel College 也訂購一本《尤利西斯》。詳見 https://findingaids.princeton.edu/catalog/C0108_c00788（檢索日期：2024年8月17日）。

「那時我正在看 James Joyce 轟動一時的 *Ulysses*，所以乘興寫了下來（即〈康橋西野暮色〉詩前言）。」[35]

除此之外，筆者猜測徐志摩評介喬伊斯，還與自身的文學創作活動密切相關。徐志摩在〈康橋西野暮色〉的前言中寫道：「現在大家喜歡講新，潮流新的，色彩新的，文藝新的，所以我也只好隨波逐流跟着維新。唯其為要新鮮，所以我膽敢主張一部分的詩文廢棄圈點。這並不是我的創見。」[36] 根據前言文字，可知啟發徐志摩進行無標點詩歌創作的正是喬伊斯，除此之外還有 George Moore（喬治．摩爾）的 *The Brook Kerith*。[37] 徐志摩在〈一封公開信〉中寫道：「可以不憑藉符號的幫助的純粹散文，是一個理想；這個理想現在有好幾位文學家要想法來實現，比如 Joyce 已經試驗出可驚的成績。這種創造的精神，我們不應得不注意的，雖則我們文學的現狀還很幼稚，夠不上跑得這麼快。」[38] 徐志摩推介喬伊斯及《尤利西斯》，

---

35 徐志摩：〈一封公開信〉。

36 徐志摩：〈康橋西野暮色〉。

37 原文寫作 George Choow 和 *Krook Kerith*。

38 徐志摩：〈一封公開信〉。

是想把西方這種潮流的文字變革方式介紹到中國，促進中國現代文學的發展。[39] 這也迎合《時事新報》副刊《學燈》的創刊目的：致力於介紹和輸入西方各種新思潮，促進社會文化的發展。[40]

以上三點原因可能使在英國能接近文壇巨匠及最新文壇消息的徐志摩，在中國最早開始評介愛爾蘭作家喬伊斯及其新作《尤利西斯》。

四、徐志摩介紹喬伊斯的深遠影響

文潔若在〈喬伊斯在中國〉一文中曾假設，如果當時話題轉移到《尤利西斯》上，曼斯菲爾德鼓勵徐志摩來進行譯介的話，那麼我們可能在 1920 年代就會出現《尤利西斯》的中譯本。[41] 孫會軍緊接着文潔若的假設推斷：「如果曼斯菲爾德沒有生病，如果他們

39 從徐志摩的〈一封公開信〉可知，徐志摩並不主張廢圈棄點，只是認為「可以不憑藉符號的幫助的純粹散文，是一個理想」，而現在西方作家如喬伊斯等人已經實現了，所以需要引起文壇或讀者的關注。

40 參見沙文濤：〈張東蓀、《時事新報》與五四新文化運動〉，《中華文化論壇》，2014 年第 4 期，頁 81。

41 文潔若：〈喬伊斯在中國〉。

關於《尤利西斯》能有更長時間的討論……並且如果徐志摩沒有遇到飛機意外事故早逝的話，那麼我們可能在 1920 或 1930 年代就會出現《尤利西斯》的中譯本。」[42] 雖然徐志摩英年早逝，未能進一步推進《尤利西斯》的翻譯工作，但他對喬伊斯的關注和介紹一方面吸引和推動了國內其它學者對喬伊斯作品的關注和翻譯，在 30 年代中國學界還掀起了對喬伊斯評介的浪潮；[43] 另一方面對徐志摩自身的文學創作活動產生了深遠的影響。

徐志摩 1923 年的評介文章，糾正了沈雁冰在《小說月報》的「海外文壇消息」中對喬伊斯的錯誤歸類，並向中國讀者正式介紹了愛爾蘭作家喬伊斯

---

42 Huijiun Sun, "The Journey of *Ulysses* to China's Mainland," eds. Ziman Han and Defeng Li, *Translation Studies in China: The State of the Art* (Singapore: Springer Nature Singapore Pte Ltd, 2019), pp. 243-260.

43 筆者並不是想說明 1930 年代後介紹喬伊斯的譯者與作家都受到了徐志摩文章的啟發，只是想以徐志摩的評介文章為起點，探討其後的趙景深、費鑑照、傅東華等學人對喬伊斯及其作品的介紹和翻譯。我們或許可以將徐志摩的評介文章與喬伊斯在中國的譯介進程看成一個整體，共同組成了中國學界對喬伊斯的早期接受狀況。

及其新作《尤利西斯》。繼《康橋西野暮色》之後，徐志摩在《新月》第二卷第一號「海外出版界」欄推薦《現代短篇小說選》（*A Book of Modern Short Stories*），該書即包括喬伊斯的短篇小說《阿拉比》（Araby）和《紀念日，在委員會辦公室》（Ivy Day in the Committee Room）。[44]

1923 年暑假，徐志摩應梁啓超（1873－1929）的邀請，前往南開大學進行暑期講學，課程為近代英美文學和未來派詩歌，當時學員就有趙景深（1902－1985）、于賡虞（1902－1963）等人。[45] 繼徐志摩之後，趙景深於 1929 年 8 月 10 日在《小說月報》第 20 卷第 8 號上發表了〈二十年來的英國小說〉一文，其中寫道：「朱士（即喬伊斯）是愛爾蘭作家……（其著作）《優力棲斯》（*Ulysses*, 1922）……的手法很特別，既非寫實，亦非浪漫，腦筋裏想些什麼，便把這些不

44 見《新月》，第 2 卷第 1 號，1929 年，頁 160。

45 趙景深曾將徐志摩在南開大學暑期學校的講稿整理成文，載於《近代文學叢談》（上海：上海新文化書社，1925）。雖然其中並沒有喬伊斯專題，但或許在課堂閒暇時徐志摩可能會與學生探討一些西方現代主義作家及其作品。

連貫的聯想，統統寫了下來。所以有人説他是將表現主義，未來主義，新寫實主義以及一切的技巧鎔為一爐的。作者又曾研究過精神分析學，他的作品看起來雖然沒有頭緒，其實他是想把心的表現與過程如實的翻刻在紙上的。」[46] 同年，《文學周報》刊載了趙景深的譯文〈現代英美小說的趨勢〉，該文認為：「在當時，英美每一個現代作家沒有不看過《尤利西斯》的」。[47] 1931 年 6 月 10 日，趙景深在《現代文學評論》上刊發〈英美小説之現在及其未來〉一文，將現代小説所受到的最重要影響，歸結於「科學的心理勢力」。其中以現代最有權威的小説家普魯斯特（Marcel Proust，1871－1922）、喬伊斯和理查森（Dorothy Miller Richardson，1873－1957）為代表。文中認為「朱士是三人中最重要的一個。」[48] 趙景深在三十年代

---

46 見《小説月報》，第 20 卷第 8 號，1929 年，頁 1237－1238。

47 詳見 John Carruthers 著，趙景深譯：〈現代英美小説的趨勢〉，載於《文學週報》（合訂本）第 8 卷第 1－4 期，1929 年，頁 104－105。

48 詳見趙景深：〈英美小説之現在及其未來〉，載於《現代文學評論》，第 1 卷第 3 期，1931 年，頁 8－10。這篇文章實則也是對 John Carruthers 著作的翻譯。

刊發的三篇文章中都對喬伊斯的寫作手法進行了高度評價，也成為繼徐志摩之後大力推崇喬伊斯作品的學者。

1928 年，《獅吼》半月刊復活號第 10 期〈金屋談話七則〉中簡要介紹了《尤利西斯》的小説風格、出版狀況、售價等。[49] 1929 年，土居光知所著《詹姆士．朱士的〈優力栖斯〉》一文由上海聯合書店出版發行，卷首有喬伊斯畫像和譯者小引。[50] 土居光知一文主要評述《一個青年藝術家的畫像》和《尤利西斯》，馮次行翻譯此文的目的為「讀之可以明瞭此書的梗概，和作家的事略。因特翻譯出來，以饗愛好新文藝者。」[51] 1933 年 1 月 1 日，費鑑照在《文藝

49 〈金屋談話七則〉，載於《獅吼》半月刊復活號，第 10 期，1928 年，頁 33。

50 參見土居光知著，馮次行譯：《詹姆士．朱士的〈優力栖斯〉》（上海：上海聯合書店，1929）；亦可參見葛桂錄：《中英文學關係編年史》（上海：三聯書店，2004），頁 188。根據《申報》數據庫檢索顯示，馮次行翻譯的《詹姆士．朱士的〈優力栖斯〉》曾於 1929 年 4 月 1 日至 1929 年 4 月 12 日刊登在《申報》上。1939 年 5 月，該文又以《現代文壇的怪傑》為題由上海新安書局再版發行。

51 馮次行：〈小引〉，見《詹姆士．朱士的〈優力棲斯〉》。

月刊》上發表〈愛爾蘭作家喬歐斯〉一文，專門介紹喬伊斯的作品，其中包括《都柏林人》、《青年藝術家的畫像》和《尤利西斯》。[52] 1934年3月1日，《文學》刊登了傅東華（1893－1971）選譯的《複本》（Counterparts, *Dubliners*），這是國內最先出現的喬氏作品的中文選譯本。1934年，《中國文學》第1卷第5期刊登蔣東岑譯述的〈茄伊絲與新興愛爾蘭諸作家〉，主要介紹和分析《尤利西斯》，並揭示出喬伊斯獨特的創作風格。[53] 1934年4月1日，《文藝月刊》第5卷第4期「文藝情報」欄刊登楊昌溪（1902－1976）的〈朱士著作之種種〉，簡要介紹了喬伊斯及其著作，如《尤利西斯》、《一個青年藝術家的肖像》等。[54] 1935年9月17日至23日，《申報》副刊《自由談》刊載周立波（1908－1979）譯作《寄宿

---

52 費鑑照：〈愛爾蘭作家喬歐斯〉，載於《文藝月刊》，第3卷第7期，1933年，頁951－953。

53 Ernest Boyd 著，蔣東岑譯述：〈茄伊絲與新興愛爾蘭諸作家〉，載於《中國文學》，1934年，第1卷第5期。

54 楊昌溪：〈朱士著作之種種〉，載於《文藝月刊》，第5卷第4期，1934年，頁158－159。

舍》(The Boarding House)。[55] 1940 年 10 月,《西洋文學》「書評」欄刊登吳興華(1921－1966)和歐陽竟(即宋淇,1919－1996)的兩篇評論文章:〈菲尼根的醒來〉和〈喬易士研究〉。這兩篇文章是了解喬伊斯新書及後期創作的重要文字資料。[56] 值得一提的是,1941 年《西洋文學》推出「喬伊斯特輯」(總第 7 期,1941 年 3 月)。特輯內刊有喬伊斯像、〈喬易士詩選〉(宋悌芬譯)、《一件慘事》(郭蕊譯)、〈《友律色斯》(Ulysses)插話三節〉(吳興華譯),以及愛德蒙·威爾遜(Edmund Wilson,1895－1972)的〈喬易士論〉(張芝聯譯),這是國內第一次對喬伊斯進行特輯報道,並開始選譯《尤利西斯》,也逐漸拉開喬伊斯在

55 見《申報》副刊《自由談》,1935 年 9 月 17 日至 1935 年 9 月 23 日。

56 歐陽竟:〈菲尼根的醒來〉及〈喬易士研究〉,載於《西洋文學》第二期,1940 年 10 月。

中國譯介的序幕。[57]

徐志摩對喬伊斯的評介對其自身的文學創作活動也產生了潛移默化的影響。過往的研究指出，徐志摩的意識流寫作手法可能受到曼斯菲爾德，以及伍爾夫（Virginia Woolf，1882－1941）的影響，[58] 但根據徐志摩對喬伊斯的關注、創作新詩〈康橋西野暮色〉、為《尤利西斯》撰寫的評介文字，以及他的〈輪盤〉、〈一個清清的早上〉等文學作品，似乎說明在曼斯菲爾德和伍爾夫之外，徐志摩的文學創作活動可能還受到喬

57 本文僅是簡要列舉喬伊斯在中國的譯介與研究情況，具體可參見王友貴：〈喬伊斯在中國：1922－1999〉；亦可參見其他學者的關於「喬伊斯在中國的譯介與研究」系列文章，如張雨：〈奧德修斯之旅：喬伊斯在中國〉、戴從容：〈當代愛爾蘭文學翻譯模式的變化：以詹姆斯．喬伊斯為例〉等。本文也是在這些學者前期研究的基礎上進行更正、推進和打磨，在此對這些學者表示感謝。

58 參見楊寧：〈論徐志摩小說意識流手法的運用及地位〉，《廣東開放大學學報》，2016 年第 5 期，頁 66－72；楊麗君：〈淺析徐志摩小說中的意識流書寫〉，《大眾文藝》，2009 年第 24 期，頁 96。

伊斯的影響。[59]

徐志摩在新詩〈康橋西野暮色〉中採用無標點寫作的方式，而這一無標點寫作方式也打破了徐志摩以往的詩歌創作風格。他在前言中寫道：「我常以為文字無論韻散的圈點並非絕對的必要⋯⋯所以我膽敢主張一部分的詩文廢棄圈點。」[60] 徐志摩承認無標點寫作方式並不是他的原創，而是他當時正在閱讀喬伊斯的《尤利西斯》時乘興寫下的。[61] 他在〈康橋西野暮色〉的前言中還特意以《尤利西斯》最後一章為例，向國內讀者介紹喬伊斯獨特的寫作手法。徐志摩的這首新詩在當時的文壇引起爭論，以十地和松年為代表的守舊派作家批評了徐志摩的寫作方式。[62] 然而時至今日，這種「無標點」的創作手法被很多作家和

59 俞曉霞關注到徐志摩與布魯姆斯伯里集團中的羅素（Bertrand Russell）、羅傑・弗萊 (Roger Fry)、阿瑟・韋利 (Arthur Waley) 等人交往密切，這也可以為探究徐志摩文學創作活動背後的影響來源提供更多的線索。參見俞曉霞：〈徐志摩的布魯姆斯伯里交遊〉，《文藝爭鳴》2014 年第 3 期，頁 80－87。

60 徐志摩：〈康橋西野暮色〉。

61 徐志摩：〈一封公開信〉。

62 參見韓石山，《徐志摩圖傳》，頁 75－76。

詩人採用，並一度成為一種創作潮流。

除詩歌外，在徐志摩的小說中也可以明顯地看到「意識流」創作的痕迹。卞之琳（1910－2000）在《徐志摩選集》的〈序〉（1982）中寫道：「他在小說創作裏可能是最早引進意識流手法。」[63] 徐志摩的小說《輪盤》主要描寫主人公倪三小姐參加輪盤賭博，幾乎輸掉隨身之物後心神不寧、精神混亂的狀態。「她忽然想起馬路中的紅燈照着道旁的樹幹使她記起不少早已遺忘了的片段的夢境……她覺得她早已睡着了。她是絕無知覺的一堆灰，一排木料，在清晨樹梢上浮挂着的一團煙霧。」[64] 徐志摩通過內心獨白、自由聯想等寫作方式展現倪三小姐交雜的思緒，不同的人物和記憶片段一齊湧現。「原先的我，在母親身邊的孩子，在學校時代的倪秋雁，多美多響亮的一個名字。」[65]「娘在廊前坐在她那湘妃竹的椅子上做着

63 卞之琳：〈序〉，收入邵華強、應國靖編：《徐志摩選集》（北京：人民文學出版社，1983），頁 8。

64 徐志摩：《輪盤》，收入《輪盤小說集》（上海：中華書局，1930），頁 120。

65 同上註，頁 122。

針線，帶着一個玳瑁眼鏡。」[66]「老太太笑着對不知門口站着的一個誰説話。這孩子瘋得像什麼了，成天跳跳唱唱的？」[67] 在《春痕》中，主人公逸想像着春痕可愛的心影，「疑問像這樣一朵豔麗的鮮花，是否只要有戀愛的溫潤便可常葆美質；還是也同山谷裏的茶花，籬上的藤花……」[68] 這不禁讓人想起《尤利西斯》第十八章，莫莉回憶起十六年前與布魯姆的甜蜜瞬間，「他説我是山裏的一朵花兒」。[69]《一個清清的早上》描寫主人公鄂先生清晨醒來睡不着，躺在床上的意識流動：「按昨兒那神氣下回再見面她整個兒不理會我都難説哩！我為她心跳，為她吃不下飯，為她睡不着……」[70] 這難免讓人想起《尤利西斯》第十八章中莫莉躺在床上的思緒流動。《船上》一文描寫二十多歲的小姑娘晚上躺在船艙裏睡不着，思緒在自由

66 同上註，頁 125。

67 同上註，頁 125。

68 徐志摩：《春痕》，收入《輪盤小説集》，頁 10。

69 （愛爾蘭）詹姆斯．喬伊斯著，蕭乾與文潔若譯，《尤利西斯》（南京：譯林出版社，2010），頁 825。

70 徐志摩：《一個清清的早上》，收入《輪盤小説集》，頁 49。

流動：「那一田的芋頭葉，那小孩兒的赤腿，吃晚飯時鄉下人拿進來那碗螺絲肉，桃花李花的山歌，那座小木橋，那家帶賣茶的財神廟，那河邊青草的味兒……」[71] 意識流動、自由聯想等寫作手法是喬伊斯小說《尤利西斯》中常用的寫作技巧，可見徐志摩在評介喬伊斯及其作品的同時，其小說創作可能也或多或少受到喬伊斯的影響。

徐志摩在英期間與西方作家的交往、對西方作品的評介和翻譯活動，成為溝通中西文學之間的一個重要橋梁。時隔百年，對徐志摩評介喬伊斯及其著作《尤利西斯》的緣由追溯，既是對喬伊斯在中國的歷史性回顧與梳理，也可以還原中西文學傳播的這段佳話。

71　徐志摩：《船上》，收入《輪盤小說集》，頁 55。

經典生成的複雜性：以俞平伯新詩集《冬夜》、《西還》的迴異命運為例

劉[illegible]

一、引言

俞平伯是中國白話新詩創作的先驅者之一。他的首部新詩集《冬夜》於1922年3月由上海亞東圖書館印刷發行，一經問世便引起熱議，並多次再版，[1]在現代新詩史（1917－1949）上確立了其經典地位。但與此形成鮮明對比的，則是他的另一部詩集《西還》。[2]《西還》是俞平伯的第二部新詩集，於1924年4月首次出版；自其首次出版後，該詩集未曾再版或重印，在往後的學術討論中也未引發關注，在新詩史

* 劉妍君，香港城市大學中文及歷史學系與武漢大學聯合培養博士研究生。

1 據1933年2月出版的《冬夜》版權資訊可知，《冬夜》至少出版六版。俞平伯：《冬夜》（上海：亞東圖書館，1933年，第六版）。

2 俞平伯：《西還》（上海：亞東圖書館，1924年4月）。

的敍述中，《西還》也處於邊緣化的地位。

但有趣的是，俞平伯本人對兩本詩集的評價，卻和詩集的經典化程度恰成反比。他認為《冬夜》這一本「小小的集子，充滿了平庸蕪雜的作品」;[3] 對於《冬夜》的再版，他則表示受之有愧：「如《冬夜》這樣信筆拈來的作品，竟有再版底機緣；這不但令我感到不安寧的愧赧，更似有人語我，這種愧心於你也是僭妄的。」[4] 但與之相反的是，對於在新詩史上沒有留下多少迴響的《西還》，他卻表示「我倒特別的喜愛牠呢」。[5]《冬夜》受熱捧，俞平伯卻認為其「充滿了平庸蕪雜的作品」，而受到冷遇的《西還》，他卻反倒「特別的喜愛」。

為何「信筆拈來」的《冬夜》成為經典，作者本

---

3 俞平伯：〈自序〉，見《冬夜》（上海：亞東圖書館，1922），頁5。本文除了另行註明外，所引用的《冬夜》均為 1922 年版。

4 俞平伯：〈致汪君原放書（代序）〉，見《冬夜》（上海：亞東圖書館，1923 年），頁 1。再版時俞平伯刪掉了原〈自序〉，用他寫給汪原放（1897－1980）的信件《致汪君原放書》作代序（汪原放是上海亞東圖書館編輯）。

5 俞平伯：〈《西還》書後．附記〉，見《雜拌儿之二》（上海：開明書店，1933 年），頁 211－212。

人喜愛的《西還》卻不為世人所知？同一作者的作品經典化程度為何有如此大的差異？作品經典化的要素是什麼？透過重審非經典文學作品，探究文學作品經典化軌跡和對作品經典化的構建歷程，有助於我們反思經典化的標準，揭示文學經典構建過程的複雜性。

二、關係探微：藝術水準與經典生成

在現代詩歌發展史上，《冬夜》以其開創性和影響力留下了濃墨重彩的一筆，成為了現代新詩史中不可或缺的重要文本。與之形成鮮明對比的是，《西還》則未能獲得足夠的學界關注和讀者認可，隱沒在了文學史的長河中。《冬夜》、《西還》兩部詩集的接受度和影響力差異為何如此之大？二者的差異是否源於詩集本身的藝術水準之別？要探討這一問題，需要對兩部詩集的詩作進行比較分析。

朱自清在《冬夜》的序文中表示：「我心目中的平伯底詩，有這三種特色：一，精鍊的詞句和音律；二，多方面的的風格；三，迫切的人的情感。」[6]胡

6 朱自清：〈序〉，見俞平伯：《冬夜》，頁2。

適在汪靜之《蕙的風》序言中亦表示「自由（無韻）詩的提倡，白情、平伯的功勞都不小」。[7] 聞一多誇讚《冬夜》中的詩音節「凝煉、綿密、婉細」，稱「《冬夜》給我最深刻的印象是他的音節。關於這點，當代的諸作家，沒有能同俞君比的。這也是俞君對於新詩的一個貢獻」。[8] 總體看來，《冬夜》受稱道之處主要在於其音節精煉、風格多樣、情感強烈幾個方面。

首先從遣詞造句和音律調諧這一角度來看，聞一多在點評《冬夜》音節時以《淒然》為例，稱其「為全集最佳的音節底舉隅，不滑不澀，恰到好處，兼有自然與藝術之美的音節，再沒有能超過這一首的了」。[9] 朱自清曾表示「《小劫》的調子和《淒然》相彷。意境底殊勝，音節底嘽緩和美，真是無以復

7 胡適：〈胡序〉，見汪靜之：《蕙的風》（上海：亞東圖書館，1922 年），頁 3。

8 聞一多：〈《冬夜》評論〉，見《〈冬夜〉〈草兒〉評論》（北京：清華文學社，1922），頁 3。

9 同上註，頁 7－8。

加！」，[10] 這裏截取《淒然》的第三節作分析：

有剝落披離的粉牆，
攲斜宛轉的游廊，
蹭蹬的陂陀路，
有風塵色的游人一雙。
蕭蕭條條的樹梢頭，
迎那西風碎響。
他們可也有悲搖落的心腸？[11]

俞平伯的新詩頗有舊詩詞之美，這首《淒然》就有詞曲的風味，他充分借鑑了古體詩詞的音節美感與意境，「牆」、「廊」、「雙」、「響」、「腸」一韻貫通，雖然整節押韻卻不顯刻意，反而更顯自然，韻腳與意象渾然天成，不假雕琢，二者相輔相成，渾然一體。「粉牆」、「游廊」、「樹梢頭」、「西風」則是古典詩

10 朱自清：〈寄俞平伯（二）（節錄）〉，見孫玉蓉編：《俞平伯研究資料》（北京：知識產權出版社，2010 年），頁 233。寫於 1921 年 10 月至 12 月間。

11 俞平伯：《冬夜》，頁 174－175。

詞中常用意象，讓整首詩顯得雅致婉約。正如愚庵所言：「俞平伯的詩旖旎纏綿，大概得力於詞。天生就他的詩人性，隨時從句子裏浸出來。」[12] 朱自清亦在寄予俞平伯的信件中寫道：「兄妙在能善采古詩音調之長，更施以一番融鑄工夫，所以既能悅耳，又可賞心，兼耳底、心底音樂而有之。」[13]

儘管《冬夜》因其音節的特色而廣受讚譽，但《西還》在音節上的處理同樣展現了極高的審美價值。《西還》中〈到紐約後初次西寄〉的「天開時，我知道，青是這樣湛湛；雲生時，我又知道，白是那樣茫茫」[14] 對仗工整，以其匠心獨運的對仗和韻律美，展現了作者獨特的藝術風格和深邃的情感世界。「湛湛」與「茫茫」兩個疊詞的巧妙使用使得整首詩意味纏綿，句子朗朗上口，讀來自有一種雋永之味，該詩融合了舊詩的音節入白話，其韻味絲毫不遜於

12 愚庵：〈愚庵評〉，見北社編：《新詩年選（一九一九年）》（上海：亞東圖書館，1922 年），頁 109。

13 朱自清：〈寄俞平伯（二）（節錄）〉，見孫玉蓉編：《俞平伯研究資料》，頁 233。

14 俞平伯：《西還》，頁 99。

《淒然》。

其次，《西還》在風格多樣這一方面亦不遜於《冬夜》。朱自清認為風格是作者個性的反映，但受限於種種原因，同一作家往往很難在作品中呈現出多樣化的風格。正如朱自清在《冬夜》的序言中所說：「個性是多方面的，風格也該是多方面的。但因作者環境、情思和表現力底偏畸的發展，風格受了限制：所以一個作家很少有多樣的風格在他的作品裏。」[15]但俞平伯卻有「十餘種相異的風格」，如「《冬夜之公園》、《春水船》等有質實的風格；《僅有的伴侶》、《哭聲》等有委婉，周至的風格；《潮歌》、《孤山聽雨》等有活潑，美妙的風格；《破曉》、《鷂鷹吹醒了的》等有激越的風格；《淒然》有纏綿悱惻的風格；《黃鵠》、《小劫》、《歸路》有哀惋，飄逸的風格；《願你》有曲折的風格；《一勺水啊》、《最後的洪爐》等有單純的風格；《打鐵》有真摯，普遍的風格。在五六十首詩裏，有這些種相異的風格，自然便有繁複，豐富

15 朱自清：〈序〉，見俞平伯：《冬夜》，頁9。

的趣味。我喜歡讀平伯底詩，這正是一個緣故。」[16]俞平伯的風格多樣性在其作品集《西還》中亦得到了展現，如《夜雨》、《味》是哲理的風格；《生所遇着的》、《如環的》是散文化的風格；《努力》是昂揚澎湃的風格；《盛年底歡容》、《銀痕》是清新婉約的風格；《兒語》是童趣天真的風格。俞平伯不滿足於固守單一的創作風格，而是始終在新詩的多樣化風格道路上進行持續不斷的嘗試和探索。

除了語言的美感和多樣化，俞平伯的詩作還蘊含着濃烈的情感，這也是其詩歌的一大特點。俞平伯擁有深刻的感情與強烈的感受，他「極同情於一般被損害者」[17]，因此他的詩作中也深切體現了對普通民眾的關懷。朱自清以《冬夜》中的《鴿鷹吹醒了的》、《無名的哀詩》、《哭聲》幾首詩為例，表示從中「可以深摯地感到這種熱情」。[18]《無名的哀詩》是一首長詩，全詩共分八節，層層遞進，刻畫了一個被舊社會

16 同上註，頁 9－10。

17 同上註，頁 10。

18 同上註，頁 11。

壓迫的可悲可憐的轎夫形象。這裏選取詩歌片段進行分析：

酒糟的鼻子，酒糟的臉，
抬着你同樣的人，喘吁吁的走；
在街上，在水邊，
也在高高的山上。
毒熱的火龍烤着頭，
哪裏有你底繖？
刺骨的霜雪沒着腳踝，
哪裏有你底鞋子？
說你原是抬轎的；
怕道生來就如此，
你又何妨坐坐轎子！[19]

這首詩以第二人稱「你」來稱呼轎夫，作者以平等對話的姿態來描述轎夫的苦難和無奈，先投入大量

19 俞平伯：《冬夜》，頁 84－85。

筆墨刻畫轎夫遭受奴役、被人鞭笞的不幸遭遇，然後通過對轎夫這一底層人物不幸命運的刻畫，轉入對人生的詰問和思索。《無名的哀詩》透過悼念轎夫，藉此表達對千千萬萬個「無名」的底層人物的同情。第四節詩歌一連兩個反問句，「哪裏有你底繖？」、「哪裏有你底鞋子？」在這烈日炎炎下轎夫無傘可打，在這冰雪刺骨中轎夫無鞋可穿，只能肩挑着達官貴人，佝僂着苦難的脊背，替他人踏過荊棘。《西還》中同樣不乏對於底層人物關懷的詩歌。《西還》中《沒有我底分兒》一詩採用對話形式，詩歌開頭一人問「苦人兒」可曾有過快活日子，作者通過不幸人——「苦人兒」之口表達對世道不公的憤懣與不甘：

「原來他們多着呢，
像大道旁野草一般多，
只是沒有我底分兒！

「我也想明亮地哭着，像初生嬰兒樣的。
但是，你聽！

女人們底嗚咽不比我底啼聲還要
高亢？
朋友，
這其間只要我常在，
沒有我底分兒喲！」[20]

俞平伯的詩歌常懷對底層人物的深切同情。底層的人一生辛勤勞累，然而在談及利益分配時卻又「沒有他們底分兒」；千千萬萬的資產者在過着「快快活活的日子」，然而被壓迫的底層生產者永遠不可能「明亮地哭」。這首詩歌雖是借他人之口，抒的卻是自己的情。這種字裏行間所湧動的真切的情感，也正是朱自清所極力誇讚與推崇的「迫切的人的情感」。

總體而言，《西還》的文字雋永動人，依舊具有朱自清、聞一多以及胡適等人所稱讚的音節之美，而其間所表達的情感也真切動人，蘊含着俞平伯對於人生的思考與追問。不僅《西還》在文字表達與情感真

20 俞平伯：《西還》，頁 129。

摯程度等方面不遜於《冬夜》，俞平伯還在《西還》中展現出更為深刻的哲學思考。《冬夜》中大多是寫景詩，其風格清新，簡潔明快，儘管也有對社會現實的揭露和對時事的針砭的詩歌，如《他們又來了》、《無名的哀詩》等，但數量較少，僅有十餘首。《西還》中則增添了許多哲理詩，表達了詩人對於社會、人生的思考，這類詩歌數量較多，共有三十餘首。《西還》所收錄的詩作更具深度和哲理，更多地展現出詩人的社會意識和人文關懷。

三、迥異命運：《冬夜》的熱議與《西還》的冷遇

俞平伯是新詩重要倡導者，他自 1918 年起便開始發表大量詩論闡發個人詩學理念、並倡導創作新詩，[21] 同時他於 1922 年 1 月還參與創辦了中國現代第

---

21 俞平伯的詩論代表作有《社會上對於新詩的各種心理觀》（初載《新潮》第 2 卷第 1 號，1919 年 10 月）、《做詩的一點經驗》（初載《新青年》第 8 卷第 4 號，1920 年 12 月）、《詩底自由和普遍》（初載《新潮》第 3 卷第 1 號，1921 年 10 月）、《詩底進化的還原論》（初載《詩》第 1 卷第 1 號，1922 年 1 月）等。

一個新詩詩歌專刊——《詩》月刊，[22] 在新詩的推廣和探索等方面作出了重要貢獻。俞平伯的第一部新詩集《冬夜》於 1922 年 3 月出版，共分四輯，由朱自清作序、許敦谷繪製封面，[23] 收錄了他在 1918 至 1921 年間創作的詩歌共 101 首。該詩集一經問世便引起熱議，並一版再版，時人競相傳閱，許多文學大家也紛紛作文以介紹、批評。梁實秋曾言：「幾無一人心中無《草兒》《冬夜》者。」[24] 足可見當時《冬夜》的影響力之大、影響範圍之廣。朱自清在序言中盛讚《冬夜》：「在才有三四年生命的新詩裏，能有平伯君《冬夜》裏這樣作品，我們也稍稍可以自慰了。」[25] 胡適對於《冬夜》則有褒有貶，他認為俞平伯本可以作好詩，但總容易説理太過，失了詩意。他在《讀書雜

---

22 《詩》月刊是由劉延陵、朱自清、俞平伯、葉紹鈞等人合作創辦的詩歌期刊，於 1922 年 1 月 15 日創刊於上海。據其第 1 卷第 5 號〈編輯餘談〉所言，創辦目的主要「在於替時下較好的新詩作發表的場所，而不在討論詩底問題與介紹外國的詩人與詩篇」。

23 孫玉蓉編：《俞平伯研究資料》，頁 15。

24 梁實秋：〈《草兒》評論〉，見《〈冬夜〉〈草兒〉評論》，頁 1。

25 朱自清：〈序〉，見俞平伯：《冬夜》，頁 1。

誌．努力增刊》第二期刊載的《俞平伯的〈冬夜〉》一文中，評述《冬夜》的藝術水準：「平伯最長於描寫，但他偏喜歡説理；他本可以作詩，但他偏要想兼作哲學家；本是極平常的道理，他偏要進一層去説，於是越説越糊塗了。」[26]《冬夜》的藝術水準高低暫且不論，胡適為此作專門發文評論之舉，亦從側面證實了《冬夜》在當時詩壇所引起的巨大關注。除了專門的評述文章，胡適還在汪靜之《蕙的風》的序言中以俞平伯《冬夜》中《小劫》一詩為例，説明其新詩受舊詩詞的影響。[27] 聞一多也作了一篇文章專門論述《冬夜》中的音節與情感，他原本想給「當代詩壇中已出集的諸作家都加以精慎的批評」[28]，但由於時間所限只寫了一章，便是〈《冬夜》評論〉。[29] 這篇文章花了大

26　胡適：〈評新詩集〉，《讀書雜誌．努力增刊》（1922 年 10 月），第 2 期。

27　胡適：〈胡序〉，見汪靜之：《蕙的風》，頁 4－5。

28　聞一多：〈《冬夜》評論〉，見《〈冬夜〉〈草兒〉評論》，頁 2。

29　聞一多寫了篇長文〈《冬夜》評論〉，寄到《晨報副刊》，但可惜未能刊登；後梁實秋寫了一篇〈《草兒》評論〉，與〈《冬夜》評論〉合為一篇《〈冬夜〉〈草兒〉評論》，列為「清華文學社叢書第一種」，於 1922 年 11 月 1 日出版。

量篇幅論述《冬夜》中音節與詞曲之關係，既褒揚其音節之美，也指出俞平伯因過於拘泥於音節而限制了想像的生發，使得意象顯得粗率簡單。聞一多一方面借由此文批評《冬夜》的不足，另一方面藉此闡述自己的詩學主張——詩要重幻想與情感。[30] 朱自清為《冬夜》作序，而胡適、聞一多等知名文人也藉評議該詩集闡發個人的詩學理念與主張。《冬夜》在當時所引起的廣泛反響可從其同時代文人的評論中得到印證。

但人們對俞平伯的另一部新詩集《西還》的熱度卻遠不及《冬夜》，對於《西還》的論述批評也相當有限；不論是在同時期文人批評，還是在後世文學史著的言說中，《西還》都在某種程度上受到了「冷遇」。《西還》同由亞東圖書館於 1924 年 4 月出版發行，收錄俞平伯在 1922 年至 1923 年間所創作的大部分詩作。全集分三部分：「夜雨之輯」收詩 47 首，大都作於蘇杭；「別後之輯」收詩 38 首，作於國外，最

30 聞一多：〈《冬夜》評論〉，見《〈冬夜〉〈草兒〉評論》，頁 2。

後一首詩作於從國外抵上海之日——這也是詩集名曰「西還」的原因；[31] 另有「附錄」，收《囈語》18首。全詩集共收錄詩歌103首。唐弢曾在1980年出版的《晦庵書話》一書中提及《西還》，詳細介紹了《西還》的裝幀設計及目錄編排，並稱其「較《冬夜》遠為出色」。[32] 但更為用心的裝幀卻並未收到好的效果，《西還》的關注度和銷量都遠不及《冬夜》。據《俞平伯研究資料》記載，俞平伯於1924年3月7日將《西還》版權印花三千枚交與亞東圖書館，[33]《西還》未曾再版，由此可推知《西還》最多印刷三千冊。俞平伯在1928年8月22日與周作人的通信中寫道：「昨日向亞東討來兩本《西還》，此書店中只存六百餘本，再版之意渺茫，故索之。」[34]《西還》於1924年4月出

31 「故是書終於西抵上海之日，而以『西還』名之」。見俞平伯：〈《西還》書後〉，《雜拌儿之二》，頁211。

32 唐弢：《晦庵書話》（北京：生活．讀書．新知三聯書店，1980），頁290。

33 孫玉蓉編：《俞平伯研究資料》，頁17。

34 周作人、俞平伯著，孫玉蓉編注：《周作人俞平伯往來通信集》（上海：上海譯文出版社，2014），頁74。

版，距 1928 年 8 月已有 4 年零 4 個月之久，卻僅賣出兩千三百餘本（考慮到俞平伯自留、友人贈書、倉庫留存等情況，實際銷售數量應低於此），此後也未曾再版；而《冬夜》初版便印刷三千冊，[35] 其後更是一版再版，二者市場認可度不可謂不懸殊。

兩本詩集在當時的影響力可以從時人批評的熱度和書籍銷量中大略得見，而其對後世的影響力應當從新詩史著的論述中觀測。新詩史著作大體可依據述史方式和切入角度分為兩類，一類聚焦於重要的詩歌流派，並選取具有代表性的詩人進行深入探討；一類採用歷時性視角，從歷史流變與發展的角度切入，着重探討詩人和詩作在新詩發展史上的價值和影響。

首先是以詩歌流派為主軸的這一類新詩史著作。陸耀東編撰的《中國新詩史（1916－1949）》依照詩人群劃分，將俞平伯歸入文學研究會詩人群。書中重點介紹了俞平伯的《冬夜》，對於《西還》則並未展開論述。他表示俞平伯的新詩集中「影響最大的是

35 據亞東圖書館編輯汪原放回憶錄記載：「到 1922 年年底截止，⋯⋯《冬夜》，印一版，三千部。」汪原放：《亞東圖書館與陳獨秀》（上海：學林出版社，2006），頁 83。

《冬夜》」，並稱「在 1919 至 1921 年，新詩大體有三股大潮」，其中之一便是「以俞平伯《冬夜》為代表重音節有舊體詞曲味的所謂平民化的詩」。[36] 陸耀東在書中介紹了《冬夜》的藝術特色和重要詩論，並以具體詩作進行佐證。柯文溥的《中國新詩流派史》同樣按照詩歌流派分類論述，柯文溥將俞平伯作為初期白話詩派的代表詩人進行介紹，並指出「俞平伯的《冬夜》（一九二二年）為繼《嘗試集》、《女神》後第三本詩集……在詩壇上反響頗大」，[37] 同時還藉俞平伯詩集《冬夜》的〈自序〉這一材料來闡述論證俞平伯的詩學主張。

另一類新詩史採用歷時性視角進行論述。龍泉明編撰的《中國新詩流變論》正是從新詩發展的宏觀角度述史，[38] 着重探討時代影響和歷史流變，而非過多聚焦於詩歌本身。作者基於時代評價、後世影響，從

36 陸耀東：《中國新詩史（1916－1949）》（武漢：長江文藝出版社，2005），頁 125－136：其中頁 129。

37 柯文溥：《中國新詩流派史》（福州：海峽文藝出版社，1993），頁 17。

38 龍泉明：《中國新詩流變論（1917－1949）》（北京：人民文學出版社，1999）。

歷史價值的角度進行論述，以呈現新詩在文學史上的演變軌跡，因此在論及新詩萌芽期時，為了更好地反映時代思潮，龍泉明大量引用了朱自清〈冬夜・序〉及聞一多的〈《冬夜》評論〉。這兩篇文章作為新詩史上具有重要影響力的詩論，屬於新詩理論經典之作，具有重要的新詩史價值。龍泉明對《西還》未加評述，主要是因為該作品無論在影響範圍還是歷史意義上都難以與《冬夜》相提並論。謝冕等編的《百年中國新詩史略：〈中國新詩總系〉導言集》對百年新詩的發展進行了概覽式的回顧，[39] 姜濤在 20 年代卷導言中表示《冬夜》影響很大，呈現了新詩最初的歷史形象。[40]《百年中國新詩史略》中將《冬夜》作為新詩發生期的代表詩集進行記錄與評述，而對於《西還》則隻字未提。楊里昂撰寫的《中國新詩史話》同樣採用歷時性的編撰方法，[41] 楊里昂將《冬夜》作為俞平

39 謝冕等著：《百年中國新詩史略：〈中國新詩總系〉導言集》（北京：北京大學出版社，2010）。

40 姜濤：〈新詩的發生及活力的展開 —— 20 年代卷導言〉，見謝冕等著：《百年中國新詩史略：〈中國新詩總系〉導言集》，頁 31。

41 楊里昂：《中國新詩史話》（長沙：湖南文藝出版社，1992）。

伯的代表詩集進行介紹，並稱其「在詩壇上產生了強烈反響」，[42] 還借聞一多的詩評指出俞平伯詩歌特色，並援引了詩歌文本來論證說明，而《西還》則一筆帶過。[43] 劉揚烈的《中國新詩發展史》中稱「俞平伯的詩集《冬夜》、康白情的詩集《草兒》以及他們的詩論，在當時都曾引起較大的反響」，並表示《冬夜》是俞平伯「『平民化』主張的體現」。[44] 張新編著的《20世紀中國新詩史》同樣是將《冬夜》作為新詩誕生期的代表詩集進行論述，書中以《淒然》為例分析了《冬夜》中的音節之美，稱這一類詩歌是「舊詩向新詩過渡階段中的成功代表」，並多次引用了聞一多的〈《冬夜》評論〉這一經典材料，[45] 而《西還》同樣在書中未有提及。沈用大編著的《中國新詩史（1918－

42 同上註，頁 12。

43 同上註。

44 劉揚烈：《中國新詩發展史》（重慶：重慶出版社，2000），頁 25。

45 張新：《20 世紀中國新詩史》（上海：復旦大學出版社，2009），頁 55。

1949）》將新詩按照不同發展階段劃分，[46] 每個時段選取幾位代表性詩人，然後以詩人為中心進行評述。沈用大在書中疏理、介紹了俞平伯的詩歌風貌、詩學主張，結合具體文本花費大量篇幅詳細剖析了《冬夜》的藝術特色和語言風格，並表示「這部詩集名聲很大」。[47] 而對於《西還》他雖然略有着墨，但卻只是進行概要性介紹，只簡單介紹了《西還》的出版時間、詩歌數量等基礎信息。

縱觀這些新詩史著作，儘管每位學者的研究方法和關注點可能不盡相同，但他們在評估俞平伯的詩歌成就時都以《冬夜》為例，同時在介紹俞平伯的詩歌成就或者是其詩作特色時往往會援引朱自清的〈冬夜．序〉或是聞一多的〈《冬夜》評論〉，對於《西還》往往略過不談或是一筆帶過。這種共識反映了學界對俞平伯詩歌藝術的普遍評價。

俞平伯在新詩史上並非籍籍無名的邊緣人物。他

46 沈用大：《中國新詩史（1918－1949）》（福州：福建人民出版社，2006）。

47 沈用大：《中國新詩史（1918－1949）》，頁70。

於新詩一道曾發表許多擲地有聲的見解，其新詩集《冬夜》也是珠玉在前，為何僅僅相隔兩年，他的另一部新詩集《西還》悄然隱沒在歷史長河之中，乏人問津呢？

四、建構經典：經典形塑之路

文學經典的生成往往是多重要素綜合作用的結果，除了作品本身的質素、文本的審美價值外，時代背景、社會思潮等等外部因素也參與了經典的建構過程。內部文本和外部建構要素相互交融、相互影響，共同構成了複雜的文學場域，各項要素之間由此產生了複雜的化學作用，塑造出獨特的文學樣態。俞平伯的第一部詩集《冬夜》一經問世便引起多方關注，而《冬夜》熱議在前，《西還》所受到的冷遇則更引人深思。要探究這一現象背後成因，就需要回溯歷史脈絡，重析《冬夜》經典化軌跡，以考察其建構歷程。

序是中國古典文學中一種重要的文體，《文選．卷四十六》任昉作〈王文憲集序〉，李周翰注：「集者，錄其文章，序者，述集所由。」余英時將「所由」分為「事」和「意」，「『事』指作者一生事蹟以及文集編纂過程之類；這是文集的外在緣由。『意』則指作者的內心意向，即孔穎達疏《關雎．序》所謂『序論作者之意』。」[48] 新詩發生期，新詩前途尚不明朗，新詩合法性尚未完全確立，新詩集序一方面繼承了介紹作者生平、文集編撰歷程及闡明作者心意的文學傳統，另一方面還承擔着幫助宣傳推廣新詩、確立新詩合法性等新功用，在新詩集的傳播與接受、新詩建構等方面具有重要作用。《冬夜》初版開首有兩篇序言作介紹及推薦，一篇由朱自清所作，另一篇是俞平伯的〈自序〉。一方面，頗具聲名的朱自清為《冬夜》作序，是為《冬夜》推廣宣傳、為其合法性和藝術價值辯護；另一方面，俞平伯的〈自序〉承擔着自我言說、自我闡述的功能，便於讀者接收詩集中試圖傳達的創作主旨與意涵。《冬夜》開頭的兩篇序言，為詩集的傳播與接受都起到了重要作用。

朱自清在〈序〉開篇寫道：「去年只有《嘗試集》和《女神》，未免太孤另了；今年《草兒》、《冬夜》

48 余英時：〈原「序」．中國書寫文化的一個特色〉，《中國文化史通釋》（北京：生活．讀書．新知三聯書店，2011），頁 137－138。

先後出版，極是可喜。而我於《冬夜》裏的作品和他們的作者格外熟悉些，所以特別關心這部書，於他的印行，也更為欣悦！」[49] 表明了自己對於《冬夜》的期待及支持，並在序中結合具體詩句來詳細分析俞平伯的創作特色，起到了喚起讀者閱讀期待以及為讀者進行閱讀導引的作用。俞平伯則在〈自序〉的開首解釋了自己印行《冬夜》的原因——「一則因為詩壇空氣太岑寂了，想借《冬夜》在實際上，做『秋蟬底辨解』……二則願意把我三年來在詩田裏的收穫，公開於民眾之前。」[50] 同時表達了自己的詩學觀念和作詩主張：「我不願顧念一切做詩底律令，我不願受一切主義底拘牽，我不願去摹倣，或者有意去創造那一詩

49 朱自清：〈序〉，見俞平伯：《冬夜》，頁 1。

50 俞平伯：〈自序〉，見《冬夜》，頁 1。1921 年 6 月 9 日，周作人（署名「子嚴」）於《晨報》上發表《新詩》一文，文中稱「現在的新詩壇，真可以説消沉極了。幾個老詩人不知怎的都像晚秋的蟬一樣，不大作聲，而且叫時聲音也很微弱，仿佛在表明盛時過去，藝術生活的彈丸，已經向着老衰之坂了。新進詩人，也不見得有人出來。……所以大家辛辛苦苦開闢出來的新詩田，卻半途而廢的荒蕪了，讓一班閒人拿去放牛。」俞平伯於同日作〈秋蟬底辨解〉一文以回應，該文後於 1921 年 6 月 12 日在《晨報》上發表，署名一公。俞平伯在文中表示不希望新詩田荒蕪，不願「封鎖詩國底疆土，博得壟斷者底權威」。

派。我只願隨隨便便的，活活潑潑的，借當代的語言，去表現出自我，在人類中間的我，為愛而活着的我。」[51] 俞平伯的〈自序〉充分表達了他的詩學理念，並分享了他在創作過程中的心路歷程，這不僅有助於讀者對詩歌內涵的理解，而且拓展了解讀的多維度空間，使得讀者能在個人的情感和思想體驗中找到與詩人對話的切入點，也為後世學者的研究提供了更多的可借鑑及援引的材料。只是，《冬夜》初版時俞平伯雖為其附上〈自序〉，但在再版時卻將其刪除，改為以〈致汪君原放書〉這篇信件作代序，這無疑反映了他思想的轉變。代序中寫道：「我近來對於編詩底方法，以為不宜有序⋯⋯故在此地只有『俛首無言』是我底惟一的道路。」[52] 由此可以看出俞平伯的心境在《冬夜》初版（1922 年 3 月）與再版（1923 年 5 月）之間發生了巨大的變化：初版之時他充滿期待，希望將三年來的詩作及心得感受分享給諸位讀者；但再版

51 俞平伯：〈自序〉，見《冬夜》，頁 2。

52 俞平伯：〈致汪君原放書（代序）〉，見《冬夜》（上海：亞東圖書館，1923 年），頁 1。

時，他卻主張「不宜有序」。

「不宜有序」的主張在他的第二部詩集《西還》中得到了充分的實踐。《西還》全集無序無跋，收錄了俞平伯在 1922－1923 年間的大部分詩作。只是，在 1933 年他出版的散文集《雜拌儿兒之二》中，收錄了〈《西還》書後〉一文，[53] 分享了他對於《西還》無序的看法及解釋。俞平伯認為「序，視書之體裁而有；書必有序，似亦無取。作詩所以寫吾懷，且必曾忠實地寫，以求知於世。若猶不能，則彼我殆有性分之隔，非言語之事矣，今乃恃序以詮詩，不亦謬乎。是以斯集初刊，竟不作序。」[54] 而對於《冬夜》前面的兩篇序，詩人也深感累贅：「《冬夜》編年，冠以兩序，如像之巨座，蛇之贅足，余滋悔焉。」[55] 俞平

53 俞平伯：〈《西還》書後〉，見《雜拌儿之二》，頁 210－212。《西還》沒有序跋，作者只於 1922 年在太平洋舟中作了一篇〈《西還》書後〉，用以說明書不必有序，但因此文正像是一篇序所以作者並未將其隨詩集出版。多年作者後又找到此文發現文章首尾各缺一頁，於是補上開頭並作附記（附記寫於 1932 年 1 月 20 日），並將〈《西還》書後〉與〈附記〉一同收入散文集《雜拌儿之二》。

54 俞平伯：〈《西還》書後〉，見《雜拌儿之二》，頁 210。

55 同上註，頁 211。

伯認為詩歌是為了表達心中感受，無須用序來贅言；如果靠序才能詮釋詩歌，豈不是極其荒謬？因此在第二部詩集《西還》出版時，俞平伯選擇不附序跋。這一主張雖然可以理解，但《冬夜》前朱自清所作的序成為當時文人評論及文學史常常引用、借鑑的對象，對於推動《冬夜》的經典化具有不可磨滅的作用；而《西還》無序，成全了作者想要依靠詩歌本身傳達思想的目的，卻也縮減了後代學者的解讀空間。因此從書寫與傳播的角度來看，《西還》無序，不利於其內容的傳播與學術探討的延續。

回顧《冬夜》的出版，除了朱自清的序言起到宣傳及導引的作用之外，胡適的〈評新詩集〉、聞一多的〈《冬夜》評論〉等詩論也對《冬夜》進行了深入的介紹和評析，他們的解讀和評價在很大程度引導和塑造了大眾的審美取向，同時也對文學史的敍述產生了深遠的影響。彼時胡適、朱自清在文壇中都已頗具影響力，聞一多那時雖然名聲不顯，但他的〈《冬夜》評論〉一文，卻在文壇激起層層漣漪。他們的評價成為了《冬夜》的重要詩歌批評史料，也成為了新詩發生期的重要研究材料。他們的解讀不僅幫助塑造了《冬夜》在文學史中的地位，而且影響了該作品在後世的接受和研究。而《西還》卻沒有引起多少同時期文人的關注，相關史料匱乏。因此從研究批評的角度而言，相關研究者在大多數情況下往往更願意選取《冬夜》作為俞平伯的代表詩集進行分析闡述，而後世研究者往往沿襲既有觀點，使用傳統的批評框架和材料來分析和討論《冬夜》，鮮有突破。除了《冬夜》本身的藝術價值，名家的背書和他們圍繞《冬夜》所展開的批評、論述，同樣是《冬夜》獲得廣泛認可並被視為經典的重要因素。《冬夜》在中國新詩發展史上佔據重要地位，不僅因其作為新詩史上的第三部詩集而備受關注，更因其在文學界引起的廣泛討論和深入的批評研究而鞏固了其經典地位。

經典的生成不僅取決於讀者、評論者、文學史家的主動揀選，還深受時代浪潮影響。時代機遇、社會背景其實都在潛在影響、淘洗着文學經典。朱自清曾提出新詩中衰的概念，他在《新文學大系．詩集》的〈導言〉中寫道：「《流雲》出後，小詩漸漸完事，新詩跟着也中衰。⋯⋯後來也有趙元任氏作了《國音新詩韻》。出版時是十二年十一月，正趕上新詩就要中衰的時候。」[56] 關於「中衰」的概念他並沒有給出具體説明，依照上下文意可推知「中衰」指的是新詩的沉寂期，時間是 1923 年 11 月以後。這段時間新詩出版市場遇冷、新詩人創作消沉，新詩壇顯得格外寂寞。草川未雨曾這樣描述這段時期：「到（民國）十三年到十四年的時候，不但出版的詩集少了，就是報章雜誌上的詩篇也不如以前風行了，這個時期是最寂寞的時期了。」[57]《西還》出版於 1924 年，按照朱自清和草川未雨的説法，1924 年正值新詩「中衰期」，那時五四運動開始落潮，激昂的情緒逐漸降温，不少新詩壇初期活躍的先驅者因種種原因逐步淡出新詩壇，如胡適在《嘗試集》出版後並未再發表新詩，郭沫若的新詩創作產量也開始減少。同時，不少年輕詩人因畢業而引起生活變動，或因生活所迫慢慢轉向編輯、教師等工作。伴隨着新詩人的退潮、新詩壇熱度下降，讀者也減少了對於新詩的關注度。雖然俞平伯

56 朱自清：〈導言〉，見朱自清編選：《新文學大系．詩集》（影印本）（上海：上海文藝出版社，2003），頁 4、6。

57 草川未雨：《中國新詩壇的昨日今日和明日》，（北平：海音書局，1929），頁 115 。

仍堅持新詩創作，但在該時期出版的《西還》不可避免地受到影響。

《冬夜》成為經典的另一重要素是其更具有引領性、探索性、開創性，其新詩史方面的價值大。胡適的《嘗試集》作為第一部個人新詩集具有劃時代的意義，蘊含胡適強烈的個人風格與特色，這無關於其藝術或審美價值，而是標誌着新詩本質上的全新突破，所以它理當是文學史無法繞過的作品。《冬夜》出版於 1922 年，正是新詩萌芽期。前有胡適《嘗試集》開疆辟土，引發人們對於新詩的蓬勃想像，後就有俞平伯的《冬夜》和康白情的《草兒》承上啟下，承接了人們對於新詩這一新鮮事物的好奇與期待，新詩成了時興事物，人人爭相談論。在新詩未來尚不明朗、新詩體系尚未完善的初期，俞平伯的《冬夜》與康白情的《草兒》無疑是給當時的文學界提供了新的視角與路徑。《冬夜》很好地融合了舊詩的韻味與新詩的形式，是新詩發展期一個極好的範本，所以文學史編撰者往往偏愛《冬夜》。但隨着時間的推移，新詩壇逐漸由更關注新詩的合法性轉變為更關注新詩藝術性，這種新舊融合的詩歌不再是新詩界關注的中心，也因此難以成為文學史著中論説的重點。早期出版的新詩集較少，除了胡適的《嘗試集》，就只有郭沫若的《女神》等幾部詩集，而《冬夜》的出版正滿足了新詩發展初期人們對於新詩集的期望。

《西還》出版後多年，俞平伯在〈《西還》書後〉的〈附記〉中表露心跡：「《西還》是一部『數奇』之書，沒有容它再版，已經絕版了。它不帶一點披掛以求知遇，果然不為世所知，殊有求仁無怨之慨，我倒特別的喜愛牠呢」。[58] 可見俞平伯本人對於《西還》十分珍視，並非草率而作。只是文學經典的生成並非只受單一要素影響，新詩集從誕生之初到成為經典的歷程中要經歷出版、宣傳、銷售、閱讀、傳播等多重環節，作者、出版商、讀者、評論家、文學史家各方力量在此匯集、角力，構成複雜多元的文學場域。《西還》雖然未成經典，仍不失為一部優秀之作。然而，經典的加冕之路並不僅由作品的藝術價值決定，文學場域中的多重複雜因素，都參與了經典的建構並最終，導致《西還》「不為世所知」。

58 俞平伯：〈《西還》書後〉，見《雜拌儿之二》，頁 211－212。

五、結語

文學作品的經典化一直是學術界廣泛關註的重要議題。然而在被廣泛關注和熱議的經典作品背後，實際隱藏着大量同樣優秀，但由於諸多原因未能進入大眾視野的滄海遺珠。研究這些作品有助於我們更全面地認識文學史，打撈文學的「沉舟」，窺見此前未被照亮的一隅。我們常將關注點着眼於已被經典化的作品，卻忽視了未被經典化的作品。在文學經典建構中，文學史家牢牢掌握話語權，讀者只能被動接受其觀點，並深以為然不覺有誤；如果不親身翻閱原始資料、「親臨」文學現場，恐怕就會深深陷入固定思維模式而不自知，永遠看不到游離於主流話語之外的作品。這不僅會讓明珠蒙塵，還會讓學術研究變得片面。

文學史是人為選擇的文學史。一些未被關注到的文學作品同樣有研究價值。經典的生成是動態的，它伴隨着一代代讀者的重新傳播與解讀，生發出新的意義；「非經典」也有可能在新的解讀中成為經典。限於各種歷史語境，我們對新詩作品的評價與接受也始終在變化之中，應不斷地通過新的視角對作品進行重新評估和解讀，以期提供多層次的視角來理解文學史的演變和文學價值建構的過程，揭示經典生成的複雜性。

典籍英譯的副文本研究

史芸

一、引言

副文本是在文本和讀者之間起協調作用的語言或其非語言材料。[1] 這一特殊紐帶勾連文本內外，既為讀者探索文本內容提供門檻，也為作者、出版商等創作主體向外發聲提供渠道。批判地描述譯本周邊的副文本要素，有助於認識重新翻譯概念與定義，對譯本的產生及接受提供深入的見解。[2] 翻譯副文本為讀者閱讀正文提供一種引導，參與正文本意義的生成和確

* 史芸於 2022 年獲香港城市大學中文及歷史學系與上海交通大學聯合培養博士學位，現職廣東技術師範大學副教授。本文原刊《上海翻譯》，2021 年第 2 期，頁 13－18。

1 Gérard Genette, *Paratexts: Threshold of Interpretation*, trans. Jane Lewin (Cambridge: Cambridge University Press, 1997).

2 Sehnaz Tahir-Guraglar, "What Texts Don't Tell: The Uses of Paratext in Translation Research," In *Crosscultural Transgressions-Research Models in Translation Studies*, ed. Theo Hermans (Manchester: St Jerome Publishing, 2002), pp. 44-60.

立，[3] 有助於拉近文本與讀者之間的距離。[4]

近來，國內外學者在副文本翻譯研究方面成果頗豐。卡瓦拉[5]（Urpo Kovala）和沃茨（Richard Watts）通過考察翻譯文本中的副文本，揭示翻譯活動與意識形態之間的關係。[6] 吉爾·巴爾達吉（Anna Gil-Bardají）等人和佩利特（Valeriet Pellatt）主編的論文集從多角度探討副文本的功能及效果。[7] 巴切勒（Kathryn Batchelor）以跨學科的研究視角對副文本翻譯研究進

---

3 蕭麗：〈副文本之於翻譯研究的意義〉，《上海翻譯》，2011 年第 4 期，頁 17－21。

4 Urpo Kovala, "Translation, Paratextual Mediation and Ideological Closure," *Target*, Vol. 8, No. 1 (1996), pp. 119-147.

5 本文的人名譯名，參考新華通訊社譯名室編，《英語姓名譯名手冊》（北京：商務印書館，2004）。手冊沒有列示的人名，採用通常慣例做音譯處理。

6 Urpo Kovala, "Translation, Paratextual Mediation and Ideological Closure,". Richard Watts, *Packaging Post/Coloniality: the Manufacture of Literary Identity in the Francophone World* (Lanham: Lexington Books, 2005).

7 Anna Gil-Bardají, et al. *Translation Peripheries: Paratextual Elements in Translation* (Berlin: Peter Lang, 2012). Valeriet Pellatt, *Text, Extratext, Metatext and Paratext in Translation* (Newcastle: Cambridge Scholars Publishing, 2013).

行理論與實踐的雙重反思。[8] 國內學者借助副文本探究譯者翻譯思想、翻譯觀、翻譯策略，關注副文本對翻譯研究的功用，對文化的建構，對文本及社會語境之間互動關系等多方面的研究。以上副文本翻譯研究所選文本多集中於現當代文學作品，典籍文本較少。中華典籍既以深厚的文化意蘊與哲理吸引着學者對其進行解讀與闡釋，又被譯者以翻譯的方式傳播。本文以《金瓶梅》四個英譯本的副文本為研究對象，探究歷經百年的譯本呈現的形象。

二、從色情傳奇到經典文學的蛻變

熱奈特（Gérard Genette）按照空間位置將副文本分為內副文本（peritext）和外副文本（epitext）。[9] 前者包括標題、副標題、前言、獻詞、後記、注釋、插圖等類型，後者則是有關文本形成歷史的公開或私人的信息，包括出版商的廣告，作者的通信、訪

8 Kathryn Batchelor, *Translation and Paratexts* (New York and London: Routledge, 2018).

9 Gérard Genette, *Paratexts: Threshold of Interpretation*, p. xviii.

談、日記，以至是對文本的評論等。這些副文本具有解釋、定義、指導或支持、添加背景信息，補充學者、譯者及評者觀點和態度的功能，[10] 由此影響或控制讀者對文本的閱讀與接受。近百年來，《金瓶梅》共有四個英譯本，分別為朱翠仁（Chu Tsui-Jen）、米奧（Bernard Miall，1876－1953）、埃傑頓（Clement Egerton）及芮效衛（David Tod Roy，1933－2016）[11] 譯本。副文本信息呈現由少變多，由簡變繁的趨勢。

1. 東方色情傳奇：《西門慶傳奇》

作為英語世界第一個譯本，朱翠仁譯本的出版並未引起過多關注，但其所包含的豐富的副文本信

---

10 Valeriet Pellatt, *Text, Extratext, Metatext and Paratext in Translation* (Newcastle: Cambridge Scholars Publishing, 2013), p. 1.

11 Chu Tsui-jen, *The Adventures of Hsi Men Ching* (New York: The Library of Facetious Lore, 1927); Bernard Miall, *Chin P'ing Mei: The Adventurous History of Hsi Men and His Six Wives* (London: John Lane, 1939); *Clement Egerton, The Golden Lotus: A Translation, from the Chinese original, of the novel Chin P'ing Me*i (London: George Routledge & Sons LTD, 1939); David Roy, *The Plum in the Golden Vase or Chin P'ing Mei* (Princeton: Princeton University Press, 1993-2013).

息，卻是研究譯本形象不可多得的材料。此譯本為精裝本，橙色封面，綠色書脊上印有書名，及「illustration」「privately printed」字樣。標題頁左側為插圖，右側是標題、出版社等信息，右頁下部再次強調「privately printed」。標題「The Adventures of Hsi Men Ching」，強調故事內核是主人公西門慶的冒險，發揮標題的描寫和誘惑功能，[12] 吸引讀者進一步閱讀。這種書名符合歐美文學對冒險題材故事的寫作傳統，迎合了西方讀者對英雄傳奇的閱讀期待，引起西方文學中「歷險記」的互文聯想。其次，譯本帶有八幅情色插圖。據稱插圖作者是有着「格林威治村女皇」外號的前衛女畫家克拉克·泰斯（Clara Tice，1888－1973）。在書內的一幅插圖中，男子赤裸上身，而女子身著披肩，下身赤裸，執扇遮面。二人上方有一個男子隔簾窺視。整幅插圖色情、偷窺意味濃厚。而另外七幅圖片也以描繪赤裸或半裸男女為主，繪畫風格偏日式，如日式屏風、和服花樣、武士裝扮。這表明上世紀 30 年代西方對東方的想象與建

12 Gérard Genette, *Paratexts: Threshold of Interpretation*, p. 7.

構，離不開對日本色情繪畫藝術的借鑑。

再者，正文前有一篇兩百字左右的譯者説明（Translator's Note），篇末有譯者署名。譯者説明是譯者以第一人稱自我指涉展現説話主體的方法，是譯者在翻譯敍事話語中展現第二重聲音的方式之一。[13] 朱翠仁從有關作者身份的衆多傳説中選取了最可信的一種，即王鳳洲塗毒報仇嚴世蕃的傳説。儘管這一假説仍待驗證，但顯然該假説凸顯了原作的傳奇性，吸引讀者閱讀這部「嚴世蕃用手指沾濕書角一口氣讀完，幾小時毒發身亡」[14] 的色情傳奇小説。除了上述標題、插圖、譯者説明等內副文本外，有關讀者對譯本的評論與影響譯本接受的事實也構成了廣義上的副文本。[15] 傑伊・赫茨曼（Jay Gertzman）及齊林濤梳理了高談書集（Gotham Book Mart）因出版銷售此書被控告。審查者約翰・薩姆納（John Sumner）在請求陪審團起訴書商弗朗西斯・斯特洛夫（Frances

13 Theo Hermans, "The Translator's Voice in Translated Narrative," *Target*, Vol. 8, No. 1 (1996), pp. 27.

14 Chu Tsui-Jen, *The Adventures of Hsi Men Ching*, Translator's note.

15 Gérard Genette, *Paratexts: Threshold of Interpretation*, p. 7.

Steloff，1887－1989）時，甚至列出書中所有淫穢段落。[16] 這一事實表明「延續 19 世紀以來維多利亞時代的保守風氣，當時的文學審查制度視文學作品中的涉性描寫為洪水猛獸」，[17] 審查嚴苛，朱譯本也深受文學審查影響，成為被審查對象。咎於原本的特殊性與譯者的「隱身性」，內外副文本信息共同構建了朱譯本色情傳奇的文本形象，也給《金瓶梅》打上了「色情讀物的烙印」。[18]

2. 家族冒險史：《西門慶及其六妻妾的冒險史》

米奥的《西門慶及六妻妾的冒險史》是英語世界的第二個譯本。該版本轉譯自德國漢學家弗朗茨・庫恩（Franz Kuhn，1884－1961）的同名節譯本。1939 年先由英國鮑利海（The Bodley Head）出版社以單行本的方式出版，第二年由美國普特南父子公司（G. P.

---

16 Jay Gertzman, *Bookleggers and Smuthounds: The Trade in Erotica, 1920-1940* (Philadelphia: University of Pennsylvania Press, 2002), p. 169.

17 齊林濤：〈《金瓶梅》西遊記 —— 第一奇書英語世界傳播史〉，《明清小説研究》，2015 年第 2 期，頁 235。

18 同上註，頁 234。

Putnam's Sons）以上下兩冊引進美國，並多次再版發行。

1939 年初版為綠色封面。左上角是大寫音譯標題，緊接小字「Recommended by THE BOOK SOCIETY」，右下角印有中文「金瓶梅」，底端用小字寫到「with an introduction by ARTHUR WALEY」。書脊處信息與封面基本相同。這一封面提供兩點信息：該書經由英國圖書協會推薦，並由著名漢學家阿瑟・韋利（Arthur Waley，1889－1966）作序。英國圖書協會成立於 1929 年，由知名評論家、作家、名流挑選書籍生成「圖書協會書單（Book Society Choices）」。書籍一旦入選，便意味着暢銷，可保證從圖書協會獲得大量的額外訂購，以及讀者和圖書行業的廣泛關注。[19] 而邀請聲望較高的學者為作品作序，是促進書籍銷售的策略之一，也是權威者對文本經典化過程中的外在干預的主要方式。[20] 這一封

19 參見 https://thebooksocietysite.com/

20 金宏宇：〈中國現代文學副文本〉，《中國社會科學》，2012 年第 6 期，頁 170－183。

面設計旨在以醒目的方式，借助圖書協會與韋利的名聲大力營銷與宣傳該書。

標題頁印有主標題「Chin P'ing Mei」及副標題「The Adventurous History of Hsi Men Ching and His Six Wives」。雙重標題的模式既以顯化的音譯符號標記突出了作品的中文屬性，又用副標題提示故事主線。相較朱譯本而言，這一德文轉譯本標題的描述功能更為豐富。「History」及「His Six Wives」的添加，使得《金瓶梅》由強調個人的傳奇，變成一部西門慶及其六位妻妾的家庭冒險史。Chang Su-lee 寫道「故事講述了西門和他的妻子與女僕之間的關係，以及中國傳統大家庭及其僕從之間錯綜複雜、瑣碎的嫉妒、越軌、虛偽和背叛等」。[21] Chang 的這番評價較好地回應了副標題所提煉的故事主線。另一突出的副文本信息是韋利的序言。不同於朱翠仁偏重介紹作者假說的譯者説明，韋利從作品的創作意圖、文學審查、作者考證等方面全面介紹《金瓶梅》。這篇擲地有聲的序

---

21 Su-lee Chang, "Review of CHIN P'ING MEI tr. Bernard Miall," *Asiatic Review*, Vol. 36, No. 2 (1940), pp. 616-618.

言以學術的視角審視被色情標籤化的《金瓶梅》，將其上升到文學的高度。這在一定程度上提高了原作的聲譽，也代表了20世紀30年代末西方漢學傳統中對《金瓶梅》的最高評價和認可聲音。事實證明，韋利這篇序言為米奧本贏得了不少的關注，對塑造文本形象起到決定性地作用。其後學者以韋利的序言為基礎，開始在漢學研究的重要刊物，如《美國東方學會會刊》（*Journal of the American Oriental Society*）、《亞洲評論》（*Asiatic Review*）中對該譯本進行書評介紹。[22]

但是，這個譯本的封面頁與標題頁並無任何譯者信息，僅在序言之前的襯頁上有四行小字提到轉譯者和轉譯原本。譯者米奧被迫隱身與失語，而代之以聲名顯赫的漢學家韋利為譯本吶喊、搖旗助威。韋利的序言極大地提高了此譯本在西方的知名度。在這種特殊的內外副文本的共同推動下，庫恩及米奧筆下的《金瓶梅》成為一部家庭冒險史，而非單純的色情

22 J. K. Shryock, "Reviewed Work(s): Chin P'ing Mei by Bernard Miall and Franz Kuhn," *Journal of the American Oriental Society*, Vol. 60, No. 2 (1940), pp. 278-80. Su-lee Chang, "Review of CHIN P'ING MEI tr. Bernard Miall," pp. 616-618.

小說。從齊林濤疏理的米奧本後續改編與發行的情況來看，英美讀者對這部中國東方家庭冒險史青睞有加。[23]

3. 精神分析的佳作：《金蓮》

同年出版的另一版本是埃傑頓所譯的《金蓮》。該書由勞特利奇出版社（Routledge & Kegan Paul）分四卷出版。

初版黃色書衣由內外兩層信息組成。內部文字信息包括大寫書名，分冊，信息說明（A complete translation from the Chinese original of the novel "CHIN PING MEI"），下為譯者姓名（Clement Egerton）。而外部則是圖像信息：兩條龍的圖騰分居左右兩側，頂部居中一顆寶珠，構成「二龍戲珠」。這一封面信息既強調此版是直接翻譯，與米奧本以示區別，又強調了全譯（complete）的性質，而圖畫設計帶有濃厚

---

23 齊林濤：〈《金瓶梅》西遊記 —— 第一奇書英語世界傳播史〉，頁 233－246。

的中國風味。書衣折口及封底[24]印有一篇 800 多字的介紹文。該文作者不詳，介紹了書名由來、作者假說、故事簡介、敍事特色等，為讀者了解原作及譯作提供豐富信息。封底一再強調該書是歐洲首個全譯本，並強調了原作是現實主義敍事的佳作，堪與《十日談》、《一千零一夜》等相媲美，是了解中國文學歷史的必讀書目。將不同圖書進行類比，是迅速吸引讀者閱讀興趣的方法之一，拉近了讀者與文本之間的距離。

標題頁與書衣文字信息類似，但缺少「complete」這一單詞。可見書衣上所標「全譯」應為額外添加，但相較於同年出版的米奧譯本，「全譯」二字確實吸引讀者。從標題副文本可知，「金蓮」這一標題包含了雙重隱喻。一方面，「金蓮」指涉主要人物潘金蓮。「該書的中文名稱包含了三個主要女性角色。本書選擇了主要反派人物『金蓮』作為英文標題」、「她是集美貌與魅力於一身的女人……小說以近乎非人

24 該篇介紹文的具體編排方式為從左折口開始，至右折口，再接續到封底。

的冷酷講述了金蓮追求殘酷和色欲的故事。她確是全書的中心人物」。[25] 另一方面，「金蓮」也喻指古代中國對「三寸金蓮」的畸形審美。十四世紀意大利傳教士鄂多立克（Odoric of Pordenone，1280－1331）首次記錄了中國女人的小腳。這也成為其他學者紀錄引用的直接來源。「在中國習俗中，給他（鄂多立克）留下深刻印象的是婦女纏足的習慣，以及男人留長指甲以示『紳士風度』的習俗」。[26]「對女子來說，擁有一雙小腳被視為最美。因此，母親們習慣於女孩一出生，就把她們的腳緊緊地包起來，這樣腳就永遠不會長大」。[27] 利維（Howard S. Levy）梳理中國女子纏足起源與變化。起源於宮廷舞蹈，纏足起先是地位象

---

25 Lionel Giles, "Reviewed Work(s): The Golden Lotus. A Translation from the Chinese Original of the Novel, Chin P'ing Mei by Clement Egerton; Chin P'ing Mei. The Adventurous History of Hsi Men and His Six Wives by Bernard Miall and Franz Kuhn," *The Journal of the Royal Asiatic Society of Great Britain and Ireland*, No.3 (1940), pp. 369.

26 Donald F. Lach, *Asia in The Making of Europe*, Volume I. Chicago and London: The University of Chicago Press, 1965, p. 41

27 Odorico da Pordenone, *Cathay and the Way Thither: Being a Collection of Medieval Notices of China*, Vol. 1, trans. Henry Yule (London: The Hakluyt Society, 1866), p. 153.

徵，但隨着纏足風氣盛行，它又成為女子貞節與經濟地位的象徵。[28] 隨後「纏足」被賦予了多重文化內涵，如情色、欲望、被壓抑的身體等。19 世紀基督教傳教士發起的天足運動，也是促進「金蓮 / 纏足」這一話題不斷發酵演變的催化劑，繼而對「金蓮」進行政治、宗教、色情、文化解讀與探索，如高彥頤探討了全球國族巨型歷史下「天足」概念的興起。[29] 布萊克（C. Fred Blake）視纏足為女性在與新儒家價值觀和現實定義的主流話語抗爭時發出的無聲的聲音。[30]「金蓮」所代表諸如情色與性欲的東方情結是一戰戰後性別研究、現代心理學派的社會應用感興趣的話題，是「心理和文化研究的寶庫」。[31] 這一標題副文本所發揮

---

28 Howard S. Levy, *Chinese Footbinding: The History of a Curious Erotic Custom* (New York: Bell Publishing Company, 1966), pp. 17-18.

29 高彥頤著，苗延威譯：《纏足：「金蓮崇拜」盛極而衰的演變》（南京：江蘇人民出版社，2009），頁 3。

30 C. Fred Blake, "Foot-Binding in Neo-Confucian China and the Appropriation of Female Labor," *Signs*, Vol. 19, No. 3 (1994), pp. 676-712.

31 Clement Egerton, *The Golden Lotus* (Taipei: Wen Hsin Bk. Co, 1959), viii。埃傑頓譯本首版於 1939 年勞特里奇出版社出版。由於首版四卷本暫未全部獲取，故本文參考引用版本為 1959 再版本，特此說明。

的言外之意與誘惑功能，不僅吸引着西方學者從專業角度審視這一社會現象的成因與結果，也誘惑着普通讀者對神秘的「他者」——東方小腳——進行探索。《金蓮》成了探究東方心理和文化的最佳選項。

此外，正文前還有獻詞、引言、譯者說明和人物表。不同於韋利的代序，埃譯本的引言是譯者本人執筆，是譯本獨立發聲的渠道。從引言內容與結構來看，與書衣折口及封底的介紹文多有重覆之處。引言提到了譯者最初的翻譯目的，即「在西方文明以外的發達文明中找尋現代心理學派的社會應用案例」。[32] 同時，埃傑頓結合小說的文學史地位，分析了原作中的語言、文體等問題，以比較文學的視野給予了《金瓶梅》較高的評價。《金瓶梅》敍事如此詳盡和殘酷，以至於其人物刻畫幾乎不需要通過其他的手段來烘托這種氣氛。這種敍事的殘酷性必然帶有某些希臘悲劇的品質。全文緩慢敍事，出其不意間達到高潮，又突然戛然而止。[33] 可見，精神分析的出發點帶給譯者翻

32 Clement Egerton, *The Golden Lotus*, p. viii.

33 Ibid.

譯期待，但原作作為小說創作的價值才是真正吸引譯者的根本。

埃譯本以四卷本，1500 多頁的篇幅呈現出了中國小說史詩般的宏偉。人物表的添加，也有助讀者理清人物關係，減輕閱讀壓力。顯然，埃譯本已經頗具學術翻譯的雛形。同時，譯本以流暢的行文表達、口語化的風格廣受讀者好評。1943 年英國《泰晤士報》將該書推介為聖誕禮物書籍。[34] 埃傑頓筆下的《金瓶梅》成了一部兼具「悲劇」藝術特色的偉大小說，同時又是精神分析的佳作。

4. 詩畫一體的東亞藝術：《金瓶中梅》

1993－2013 年出版的芮效衛《金瓶中梅》是英語世界的最新譯本，由普林斯頓大學出版社分五卷出版，每卷 20 回，共 3890 頁。普林斯頓大學出版社創立於 1905 年，主要出版學術著作，在歐美學術界享有較高聲譽。此書由享負學術盛名的出版社出版，奠定了該譯本的學術性。

34 *The Times*, December 22, 1943, p. 3.

五卷本封面信息基本一致，均包含書名、譯者、分卷、插圖及出版信息五部分。書名由主副兩種標題構成，投射了雙重意象。一方面，書名反映了文本詩畫一體的藝術特色。主標題「The Plum in the Golden Vase」以意譯呈現了原作中的生活圖景。作為中國古代室內裝飾藝術，「瓶中插花」多次出現在《金瓶梅》中，如第十回「香焚寶鼎，花插金瓶」、第三十一回「幃拴錦帶，花插金瓶」。這種靜態圖像呈現了如詩般的視覺藝術。副標題「Chin P'ing Mei」以音譯補充說明此為歐美早已熟知的《金瓶梅》，構成了與先前譯本在標題上的互文和關聯。另一方面，標題的雙關與隱喻也蘊含其中。凱瑟琳・柯麗德（Katherine Carlitz）認為「瓶中梅」暗指第二十七回西門慶對潘金蓮投肉壺的性遊戲。[35] 對此，芮效衛在引言解釋了這種性隱喻。正如上海方言「花插插」所代表的隱喻

35 Katherine Carlitz, "Puns and Puzzles in the 'Chin P'ing Mei' 金瓶梅：A Look at Chapter 27," *T'oung Pao*, Second Series Vol. 67, No. 3 (1981), p. 237.

一樣，[36]「The Plum in the Golden Vase」也指涉「進入女性陰道的魅力」。其次，每卷配有分卷標題「聚會」（The Gathering）、「競爭」（The Rivals）、「春藥」（The Aphrodisiac）、「高潮」（The Climax）、「離散」（The Dissolution），其中「春藥」、「高潮」回應了主標題中暗含的性隱喻。分卷標題是對每卷內容的核心概括，既起到了提綱挈領的作用，又以連貫的方式串聯起百回情節，保證了五卷之間的連貫性。

每冊封面還帶有一幅彩色插圖，占封面的二分之一篇幅。據稱插圖為明人所作，內容與文內情節有關，如第一卷封面插圖取自第十一回「西門慶梳籠李桂姐」。封面插圖的添加不僅給讀者帶來了視覺衝擊，也反應了晚明精湛的插圖藝術，呈現出古典藝術美。封面底部印有一行小字「PRINCETON LIBRARY OF ASIAN TRANSLATIONS」，標明該書所屬系列。普林斯頓圖書館亞洲翻譯系列叢書共有 42 本，包括中國、日本、印度等國的文史哲書籍。入選的中國作

---

36 胡令毅：〈高山仰止：英譯本《金瓶梅詞話》卮言〉，《洛陽師範大學學報》，第 33 卷第 9 期（2014），頁 32－45。

品有《管子》、蕭統的《文選》、蕭公權的《中國政治思想史》等。普林斯頓大學出版社將此書視為與中國古代哲學、文學等名著同等重要的亞洲文學著作，可見其對芮譯本的學術性與文學性的重視程度。

譯者在長達 32 頁的學術性導言中，對原作進行了詳細的闡釋。芮效衛認為，《金瓶梅》不僅是在中國文學發展史上，也是在世界歷史上的敍事藝術發展的里程碑，是堪比《源氏物語》與《堂吉訶德》的世界文學經典名作。[37] 這一類比在世界文學的高度上肯定了原作的文學價值。再者，譯本中 4400 多條注釋也助於建構該譯本的經典文學形象。對諸如典籍翻譯的學術型文本而言，注釋具有語義疏通、文化闡釋、比照指涉及溝通讀者四種功能。[38] 芮效衛孜孜不倦地為譯本加注的目的，是復原「作者對早期材料的迷宮般的借用」。[39] 這些注釋幫助譯者與讀者共同構建了《金瓶梅》龐大的互文性網絡，展現《金瓶梅》在語

37 David Roy, *The Plum in the Golden Vase, or Chin P'ing Mei*, xvii.

38 張璐：〈注釋作為典籍英譯翻譯補償手段有效性的實證研究〉，《外語學刊》，2020 年第 4 期，頁 78－83.

39 David Roy, *The Plum in the Golden Vase, or Chin P'ing Mei*, xviii.

言、敍事、修辭等方面的經典性。

除此之外，正文前還有獻詞、目錄、致謝等一系列副文本。鑑於篇幅有限，在此不一一進行分析。譯本完成後，譯者本人也多次接受採訪[40]，在採訪中講述翻譯緣起、艱辛的翻譯過程以及對中國文學及文化的看法。這些專訪、評論、對談構成了豐富的外副文本，與內副文本一同促進了經典文本形象的建立。《金瓶中梅》融藝術性、學術性與經典性為一體，呈現出詩畫一體的亞洲藝術形象。

三、形象演變的軌迹分析

通過對以上四個譯本的副文本分析可知，《金瓶梅》英譯本形象經歷了由色情走向經典的曲折過程。四個譯本的副文本信息由簡到繁、由少到多。早先，對朱譯本的形象認定僅能從內副文本出發進行分析説明；到 21 世紀，對芮譯本的形象認定便有多樣化、

40 Elizabarth Station, "A Lifetime Fascination", *Tableau* (Fall 2013), see https://tableau.uchicago.edu/articles/2013/08/lifetime-fascination; Rong Xiaoqing, "My Life: David Tod Roy", *South China Morning Post* (2014-3-29).

多渠道的副文本可供參考，如闡明原作文學價值的序言，譯者本人的採訪、論文等外副文本。副文本中的譯者聲音也逐漸增加，這一變化表明譯者以更直接的方式現身參與文本形象的建構。同時，副文本信息的增多與空間的擴大，也為研究者探究譯本形象提供了詳實的依據，有利於全面把握譯本形象。

標題副文本對認定譯本形象起到關鍵作用。四個譯本標題展現出差異性與連貫性。朱譯本與米奧本標題突出了譯者以男性中心主義為主的讀者視角，如以《西門慶傳奇》為題的朱譯本，專注建構一個東方男人的傳奇故事，但忽略了原文本是家庭與社會並重、政治與文化同構等同樣具有價值的文本內容。而埃譯本則將凝視重心從男性轉到女性，突出了其對女性為主的小說精神分析的獨特關注。芮譯本的標題則呈現了從對個體人物的關注轉向對文化中國的興趣：《金瓶中梅》取意靜態畫的效果，引導讀者對文本進行詩學闡釋；該名既可被視為「花插金瓶」的圖文印象，又可理解為暗含性隱喻的「進瓶魅」。這種譯名巧妙地塑造了譯本如畫的文本形象。

讀者接受既可以參與文本形象的維護，也可因讀者期待視野的不同而導致譯者意圖的消解與譯本形象的重構。埃傑頓本着尋求西方現代心理分析的典範這一翻譯目的出發翻譯，並以「金蓮」這一具有營銷噱頭的標題吸引讀者，但譯本出版後的事實，證明譯者欲構建的文本形象與大眾接受發生了背離。一方面，文中的色情描寫不得不變成拉丁語，對此譯者在引言中表達了自己的歉意和無可奈何。「我再次感到，如要出版此書，就必須將其完整出版。但不可能完全譯成英文，因此讀者會因偶爾發現拉丁文的長段落而惱怒。對此我深表歉意，但沒有其他辦法」。[41] 另一方面，有好事者專門將拉丁化的性描寫挑出，譯成英文，並以《〈金蓮〉的秘密》為名出版。[42] 這一舉措反而促進了普通讀者對《金蓮》的色情文學形象的反向認定，觸動了讀者探究這種神秘「他者」的文化心理。因此，兩種主體認定的截然不同的文本形象在爭奪市場話語時逐漸融合，共同推動了《金蓮》的銷售

41 Clement Egerton, *The Golden Lotus*, p. viii.

42 齊林濤：〈《金瓶梅》西遊記 —— 第一奇書英語世界傳播史〉，頁 233－246。

與傳播。從《金蓮》後續的改編情況來看，一部偉大的精神分析作品的形象已被商品化的操作消解，淪為色情與庸俗的產物，完成了「去經典化」。[43] 可見，在傳播與銷售過程中，文本形象是隨着讀者期待視野的變化而變化的。

四譯本歷時性的形象轉變，也說明了「他者」凝視下權力關係的變化。早在 20 世紀 20 年代，西方對中國的凝視帶有明顯的歐洲中心主義的偏見，因此對翻譯的選材、對翻譯形式的規定及對文本形象的設定需符合西方主流意識形態的規範。而及至 20 世紀 80 年代之後，這種情況稍有改變。這一變化可從「金瓶梅」標題的演變探知。1939 年米奧本標題與 2013 年芮譯本標題相比，威妥瑪拼音的位置發生了前後倒置。這種變化的背後是權力話語的爭奪與衝突。上世紀 30 年代，威妥瑪拼音是西方書寫中國的官方話語系統；及至 1956 年，中國文字改革委員會規劃漢語拼音系統，並由全國人民代表大會於 1958 年通過並

43 齊林濤：〈原作之死：《金瓶梅》英譯的去經典化研究〉，《燕山大學學報（哲學社會科學版）》，第 21 卷第 3 期（2020），頁 46。

頒布實施。而美國國會圖書館為了圖書編目的目的，也積極推行漢語拼音系統。[44] 漢語拼音成了僅次於英語的第二大全球性話語符碼，而威妥瑪拼音退居二線，成為歷史的印記。但對熟悉中國的老一輩學者來說，威妥瑪仍然代表了一種舊式的權威，「沒落的貴族」，故而芮譯本標題中威妥瑪拼音的添加既的對已逝權威進行追悼，也暗含了隱藏的權力關係的變化。

四、結語

西方人翻譯中國古典小說時，喜歡在譯本中添加前言和注釋，介紹所譯小說、解釋小說中出現的典章制度、比較中西文化，或對小說本身的內容、人物做出批評，這些副文本成為西人構築「中國形象」的重要方式。[45] 翻譯副文本不僅參與建構異國和異域文化形象，也可以在譯語文化中塑造和傳播原作形象、原

---

44 Beatrice Ohta & Ben Tucker, "Pinyin vs. Wade-Giles for Library Purposes," *Journal of East Asian Libraries* Vol. 61 (1980), pp. 36-41.

45 宋麗娟、孫遜：〈「中學西傳」與中國古典小說的早期翻譯（1735－1911）〉，《中國社會科學》，2009 第 6 期，頁 199。

作人物、原作語言形象等。[46]《金瓶梅》四譯本的副文本見證了譯本在英語世界從色情到經典的轉換，也「檢驗了作品的命運、影響與接受」等。[47] 同樣，讀者閱讀期待也反向促進了文本形象的改變。文學典籍《金瓶梅》的生命力，正是在譯本所投射的不同形象與讀者的接受互動中延續。

46 賀顯斌：〈從《三國演義》英譯本看副文本對作品形象的建構〉，《上海翻譯》，2017 年第 6 期，頁 43－48。

47 亞力山德魯．杜圖著，李華川譯：〈模式．形象．比較〉，見孟華：《比較文學形象學》（北京：北京大學出版社，2001），頁 89－97：其中頁 94。

香港城市大學中文及歷史學系
創系十週年叢書 11

鑽燧薪傳

香港城市大學中文及歷史學系研究生論文集

Exploration and Legacy: Collected Papers on Chinese Literature and History

范家偉 主編

叢書總編 程美寶 陳學然

責任編輯 黃連藝

裝幀設計 簡雋盈 陳佩珍

排　　版 陳美連

印　　務 劉漢舉

出版
中華書局（香港）有限公司
香港北角英皇道 499 號北角工業大廈 1 樓 B
電話：（852）2137 2338
傳真：（852）2713 8202
電子郵件：info@chunghwabook.com.hk
網址：http://www.chunghwabook.com.hk

發行
香港聯合書刊物流有限公司
香港新界荃灣德士古道 200 - 248 號
荃灣工業中心 16 樓
電話：（852）2150 2100
傳真：（852）2407 3062
電子郵件： info@suplogistics.com.hk

印刷
美雅印刷製本有限公司
九龍觀塘榮業街 6 號海濱工業大廈 4 樓 A

版次
2024 年 12 月初版

規格
32 開（190mm × 130mm）

ISBN
978-988-8912-12-4